名人家风丛书

独立自由真精神

——陈寅恪与陈氏家风

本书系2015年马克思主义理论研究和建设工程重大项目暨国家社科基金重大项目“中华优秀传统文化的创造性转化与创新性发展研究”阶段性成果。

名人家风丛书

徐梓 主编

独立自由真精神

——陈寅恪与陈氏家风

许刚 著

中原出版传媒集团
中原传媒股份公司
大象出版社
·郑州·

图书在版编目(CIP)数据

独立自由真精神：陈寅恪与陈氏家风／许刚著.—郑州：大象出版社，2018.6（2018.11重印）
（名人家风丛书／徐梓主编）
ISBN 978-7-5347-9830-6

Ⅰ.①独… Ⅱ.①许… Ⅲ.①家庭道德—中国②陈寅恪（1890-1969）—家族—史料 Ⅳ.①B823.1②K820.9

中国版本图书馆CIP数据核字(2018)第128928号

名人家风丛书
徐 梓 主编
DULI ZIYOU ZHENJINGSHEN
独立自由真精神
——陈寅恪与陈氏家风
许 刚 著

出 版 人 王刘纯
总 策 划 郑强胜
责任编辑 梁金蓝
责任校对 张迎娟
书籍设计 王莉娟

出版发行 大象出版社(郑州市开元路16号 邮政编码450044)
发行科 0371-63863551 总编室 0371-65597936
网 址 www.daxiang.cn
印 刷 洛阳和众印刷有限公司
经 销 各地新华书店经销
开 本 890mm×1240mm 1/32
印 张 5.5
字 数 117千字
版 次 2018年6月第1版 2018年11月第2次印刷
定 价 22.00元

印厂地址 洛阳市高新区丰华路三号
邮政编码 471003 电话 0379-64606268

总　序

一个人有一个人的气质，一个国家有一个国家的性格。一个家庭在长期的延续过程中，也会形成自己独特的风气。这样一种看不见的风尚习惯、摸不着的精神风貌，以一种隐性的形态存在于特定家庭的日常生活之中，家庭成员的一举手、一投足，无不体现出这样一种习性。这就是家风。

“家风”一词，最早见于西晋著名文学家潘岳的诗中。与潘岳有“双璧”之称的夏侯湛，自恃文才超群，将《诗经》中有目无文的六篇“笙诗”补缀成篇。潘岳为与友人唱和，写作了《家风诗》。在这首诗中，作者通过歌颂祖德、称美自己的家族传统以自勉。

“家风”又称“门风”，这个词语在西晋出现并在随后流行，显然和“士族”“世族”“势族”“大族”“世家大族”成为社会上的统治力量有关。无论是以宗族为根基、以武力为特质的地方豪族，还是以官宦为标志、以文化为表征的名家大姓，他们政治上累世贵显，经济上广占土地，文化上世传家学，垄断了全社会的主要资源。除通过九品中正制和婚姻关系来维护门阀制度之外，他们还自矜门户、标树家风，用以抵御皇权和寒人的侵渔。正因为如此，两晋以后，这个词语渐次流行。从发轫之初，“家风”就往往和“门风”互用。我们可以将它理解为家庭的风气，将它看作一个家庭的传统、一个家庭的文化。

传统作为人类代代相传的行事方式，是从过去延传到现在的事物。没有经过较长时间的过滤和沉淀，就形成不了传统。在《论传统》的作者希尔斯看来，至少要持续三代人，才能成为传统。尽管世代本身的长短不一，但无论是信仰还是行动范式要成为传统，至少需要三代人的两次延传。家风作为特定家庭的传统，是该家庭长时期历史汰选、传统沉淀的结果，是一辈又一辈先人生活的结晶。在历史文献中，“家风”或与“世德”共举，或与“世业”并称，足见家风有别于时尚，而与“世”即很多年代、好几辈子紧密关联。在时间上持续的短暂性是时尚的特征，而家风则是历经延传并持久存在，或者在子孙后代身上一再出现的东西。正是在这个意义上，历史文献中提及“家风”一词，往往蕴含对传统的继承。如比比皆是的“不坠家风”“世守家风”“克绍家风”“世其家风”及“家风克嗣”等，无不体现了这一特点。

有一种观点认为，家风必须是健康的、积极向上的，否则，不能称之为家风。实际上，这只是说者的一种期许、一种渴盼，家风本身并不蕴含这样的意味。否则，“良好家风”就是毫无意义的同义反复。正如“文化”是使民族之间表现出差异性的东西，时时表现着一个民族的自我和特色一样，家风作为家庭的文化和传统，表现的也是一个家庭的气质和风习，反映出一个家庭与其他家庭的不同之处。它完全是一个中性的概念，并不必然具有正面的意义。有的家风可能是勤奋俭朴、为人忠厚、待人有礼，也有的家风可能是狡诈刻薄、游荡为非、跋扈凶横。如同一所学校、一个班级的风习我们称之为校风、班风，而校风有好坏之分，班风有高下之别，并不总是值得弘扬一样，家风同样也有不良的，并不都是传家宝。正因为如此，对家风或门风则就既有称誉，也有贬损。即便是在传统社会，被视为传家久、继世长的，也只有耕读、忠厚、清廉这样一些美好的品质。

的确，家风的特征在前现代、在乡村社会、在大家庭中表现得十分鲜明，格外生动，而在现代城市家庭中却不那么明显。但是，只要一个组织存在，就会有这个组织的文化，特别是这个组织如果有历史的厚重，有传统的积淀，就更是如此。作为家庭的文化，家风是附丽于家庭而存在的，只要有家庭，就会有家风。家风并不必然会因为农村的城市化、大家族被小家庭所取代而丧失，或者说，随着历史的演进，社会情势的变化，家风的具体内容肯定会有变化，但家风仍然会存在。在社会结构和家庭结构都发生了革命性变革的当今社会，人们感叹“家风”的荡然无存，其实是指家庭所秉持的“只耕田，只读书，自然富贵；不欠债，不健讼，何等安宁”这样一些古典原则的式微，是指“耕读两途，读可荣身耕可富；勤俭二字，勤能创业俭能盈”这样一些传统内容的沦落，是“志欲光前，惟是诗书教子；心存裕后，莫如勤俭传家”这样一些旧时理念的散淡，而不是家风本身的消逝。

此外，家风不同于家规。虽然这两个词都与家庭教育相关，但它们有着本质的差异。

家规是家庭或家族中的规矩，是家人所必须遵守的规范或法度，是父祖长辈为后代子孙所制定的立身处世、居家治生的原则和教条。它是借助尊长的权威，加之于子孙族众的又一重道德约束，有的甚至具有法律效力。它有家训、家诫、家仪、家教、家法、家约、家矩、家则、家政、家制等名义，有敬祖宗、睦宗族、教子孙、慎婚嫁、务本业、励勤奋、尚节俭等多方面的内容，是行于口头、针对性强的具体教诫，是见诸家书、目的明确的谆谆训诲，是载诸家谱、可供讽诵的文本规条。家规可以有多种分类，如：根据其表现形式，可以分为教诫活动的家规和文献形式的家规两种；根据内容，则可以分为针对一人一事、起因明确、内容具体、结果显豁的非规范性家规和针对整个人生、涉及方方面面的规范性家规。有的家规，着重家庭子弟的道德修养，教授为人处世要法；有的家规，集中居家治生，以至是祠堂、义庄、学塾等的管理规条。但无论如何，相对于家风，家规一个总的特点是有形的，是可视可见的。

一个家庭的家风有别于这个家庭世代相传的道德准则和处世方法，它是一个家庭的性格特征。虽然它一旦形成，也就成为教化的资源，对家族子弟具有熏染影响、沾溉浸濡的意义，但它是一种不必刻意教诫或传授，仅仅通过耳濡目染就能获得的精神气质，具有“润物细无声”的作用。历史文献中的“渐渍家风”，就极为生动形象地诠释了这一过程。通俗地说，我们可以把家规看作教化家人的教科书，而家风则是经由长期教化后的结果。

2014年春节期间，中央电视台的“家风”系列报道，引起了社会的热烈反响和高度认同。这一报道对于引导人们自觉省思，培植良好的家风，构建和谐的家庭关系，夯实家庭这一社会的堡垒，进而培养全社会的良风美俗，疗治现今社会的乱象，无疑具有积极的意义。正是基于这样一种用心，《寻根》杂志主编郑强胜代表大象出版社，约请我主编这套“名人家风丛书”。

第一辑十种出版之后，广受读者好评、社会欢迎。众多媒体都曾予以推荐，并入选国家新闻出版广电总局向全国青少年推荐百种优秀出版物、入选第二届中华优秀传统文化普及图书50种图书推荐目录，出版社也一印再印。受这种情势鼓舞，强胜兄按此前我们商议好的计划，不失时机地敦促我们启动了第二辑的编写工作。2016年5月18日，他给我发来了《“名人家风丛书”第二辑编写建议》，第二辑的编写工作由此启动。

受2015年马克思主义理论研究和建设工程重大项目暨国家社科基金重大项目“中华优秀传统文化的创造性转化与创新性发展研究”首席专家于丹教授的邀请，我担任了这一课题子课题“当代中国伦理文明与家教门风的重建”的负责人一职。本辑十种的编写，也是该子课题研究工作的一部分，并受到了该课题的资助，王立刚居中做了大量的工作。

本辑的编写者，依然主要是我的学生，也吸纳了个别对此有热情、有研究的朋友参加。由于时间仓促，特别是水平所限，其中肯定会有这样或那样的问题，诚挚地希望读者不吝赐教，以便我们把这项工作做得更好。

北京师范大学国学经典教育研究中心 徐梓

2018年1月

目录

引　言

这本小册子是在诸多研究陈寅恪成果的基础上融合而成的，感谢他们的成果支撑。我想读者朋友看完之后，会知道陈寅恪是谁，陈寅恪意味着什么。

陈寅恪，一个出生在晚清的世家子弟，少年时游学日本，青年时留学欧美，中年回国后为清华大学国学院四大导师之一。因日寇入侵，他被迫流离于香港、昆明等地。1949年中华人民共和国成立后，他留在了广州，拖着双目失明、一腿残疾的病躯，靠助手读资料以及惊人的记忆力，完成了上百万字的皇皇巨著！这是其一。

陈寅恪，一个被王国维遗书嘱托处理其书籍的志同道合者，掌握十几国语言，被牛津大学聘任，堪称20世纪中国最具世界性影响的学者，“文革”中宁死不屈，没有说过一句违心话，没有整过一个人，可谓一个时代的丰碑，一代学者的良心！这是其二。

往上追溯，他的父亲陈三立，是晚清同光体的诗坛泰斗，民国时期印度大诗人泰戈尔来华，徐志摩陪同两位领军人物聊叙，一时传为佳话。

再往上追溯，他的祖父陈宝箴，是晚清政界的封疆大吏，维新变法期间主政湖南，成为当时梁启超、谭嗣同、黄遵宪寄予厚望的开风气者。长沙的时务学堂培养出了护国将军蔡锷、国学大师杨树达等人才，青年毛泽东也受其影响，说它“养成了若干勇敢有为的青年”。

这就是祖籍江西而又视湖南为故乡的陈寅恪家族，祖孙三代影响了近百年的中国政治、文化。是什么因素让这个家族三代崛起？是什么风采让我们对他们高山仰止？这个家族的家教、家训、家风可有值得我们继承学习与发扬光大的吗？

答案就在这本小册子中。让我们一起平心静气、恭敬肃穆地穿越百年历史，走进“独立之精神，自由之思想”的陈寅恪家族世界吧！

第一章

家世渊源

说起陈寅恪的家世，相关学术著作有追溯至上古的，遥远难稽，姑且不论；简明可知的，陈氏是从中原迁移至南方的，自江西到福建、广东，及陈寅恪祖上数代，又移民回到江西，也算是完成了一个循环。

这个循环的开创者是陈腾远。明末清初，江西修水一带因战乱灾害，百姓死丧众多，背井离乡者更是不计其数，境内人口骤减。时局平稳后，官方招引外地民众垦荒，闽、粤、赣南的无产贫民闻讯后携妻负子，拖家带口，蜂拥而来。这些客家人初来乍到，生活艰难，或搭建棚屋，或栖身岩穴，被称为“棚民”“棚客”。清人熊为霖有一首题为《过桃树岭》的短诗，就很能反映当年这些先驱者生活的异常困苦：

青布裹头肩荷锄，沤麻才了又沤蓝。

棚家血汗经霜露，茅屋三间月一岩。

不仅如此，客家人还面临着土著民的强烈排外情绪，在入籍、应试、当差等方面都无法争得合理的权利，屡屡遭遇阻挠。

康熙五十五年（1716）后，移民活动渐入尾声，但就在十余年之后，又搬来了一户，这个姗姗来迟的外地人，便是从福建迁来的陈腾远（1711—1795）。

陈腾远的父亲叫陈文光，是一位塾师，他虽饱读诗书，能文善咏，却安贫乐道，淡泊功名，终生未能登科晋爵，“任人目为书呆诗痴而若为不知”，家中生活并不富裕，仅维持温饱而已。陈腾远自幼跟随父亲在外读书，每月一次回家探望母亲时，总是把从东家那里得来的礼物恭恭敬敬地献给母亲，在乡里有“小颍考叔”的美名。

颍考叔是春秋时期郑国人，当时国君郑庄公因为母亲武姜纵容弟弟共叔段叛乱，郑庄公在处心积虑地平定叛乱后将母亲囚禁起来，并发誓“不及黄泉，无相见也”，意思是这辈子不想再见了。后来他后悔了，可是自己又说了那么狠的话，一时陷入困窘状态。颍考叔知道情况后，故意在郑庄公招待自己时，把一份好吃的留在旁边说带回去给母亲吃，郑庄公感叹道：“你还可以带好吃的给母亲尽孝心，我却不能呀！”颍考叔明白郑庄公的意思，说：“这有何难？您说‘不及黄泉，无相见也’，那就挖一条隧道通到母亲那里不就可以了吗？”这样一个一举两得化解郑庄公和母亲矛盾的方法，获得世人一片赞誉，大家都说颍考叔不仅自己恪尽孝道，而且还能帮助别人尽孝道，真是“纯孝”啊！陈腾远在乡里有“小颍考叔”的美名，足见其孝道孝心之可嘉。

雍正十一年（1733），父亲去世，年轻的陈腾远不得不面对维持生活的现实，忍痛中止了读书考试的正途，决定仿效村中上辈人的做法，往江西迁移。他带着母亲刘太夫人，翻山越岭，历尽艰辛，从身后留在墓碑上的两篇墓志铭来看，那一段征途充满艰险，修水至今流传着陈腾远背负母亲从福建步行来到修水的故事。

经过十多年的勤奋打拼，这个上无片瓦下无寸土的外乡人终于改变了自己的命运，陈腾远墓碑上的两篇碑文依稀可见当年陈家的一片兴旺气象。其中写道："力勤耕稼，尽三农之苦，阅十余稔，家道日侈，置田园，新栋宇，俨然有大家风""无复去国怀乡之感"。耕读之余，他"重信义，轻财贿，在交游以好信闻，师儒以好礼闻，戚党乡闾则缓急推解，以好义乐善闻"。晚年他又倡导创立陈氏宗祠，虽然在世时未能目睹工程的完成，但仍然"以其事属诸后人"。

陈腾远顺理成章地成为修水陈氏的始迁祖，陈寅恪家世的繁衍、壮大、辉煌，由此开始逐渐清晰地拉开帷幕。

陈腾远娶妻何氏，生有四男六女，长子陈克绳（1760—1841），继承并光大了父亲的家业。

陈腾远晚年最大的心愿除创立宗祠外，就是希望在开阔之地"建一堂屋，上以妥先灵，下以聚儿孙"。在83岁这年，他郑重地将此事托付给几个儿子。陈克绳谨遵父言，自乾隆五十七年十一月十三日（1792年12月26日）肇修新宅，"一切材料独自经营，凡工匠人夫每日以百计，少亦数十人。越次年五月，工始告竣"。六月，喜气洋洋的陈腾远被儿孙们迎进了新居，欣喜之余，他亲自为新宅取名"凤竹堂"——"盖凤非梧桐不栖，非竹实不食，凤有仁德之征，竹有君子之节，后之子孙必有仁居义由昌大乎门闾者"。这个寓意是美好的，后来的一段段历史也屡屡证明了陈腾远的良苦用心没有被儿孙们辜负，“仁居义由”“昌大门闾”，近百年的陈氏家族史完美地诠释了这两点。“凤竹堂”正是今日修水的陈家大屋，虽历经两百年风雨，至今仍在为陈氏后人挡风遮雨，现在已经成为国家重点文物保护单位。

陈克绳同父亲陈腾远一样，从小就有孝名，父亲年过六旬时依然领着儿孙在祖母床前游戏让老人开心，此情此景一直铭刻在他的心底。父亲八十余岁时“病目生翳”，他“日以舌舐，夜则焚香吁天”，父亲的眼疾居然很快痊愈了。同历代正史古书上记载的普通家庭一样，这个“奇迹”的出现和渲染，强化了陈氏后代对孝道伦理的严格遵循。父亲去世后，陈克绳管理家务，督耕课读，毫不懈怠，大家庭上下谐和，内外肃然，子弟“皆知绳趋矩步”，陈家成了当地修身齐家的典范。

尽管陈克绳聪颖过人，但科场的连连受挫，使得他只能仿效父亲生前的做法，通过积极参与家族以及地方的公益事业，将陈家的影响力进一步加以扩散和提高。陈氏宗祠在陈腾远去世后不久就顺利建成，随即在陈克绳的倡导下，又建立了“仙源书屋”，并从宗祠的田租内划出专款资助族中贫困子弟求学，“士之贫者不无小补”。族侄陈书洛在《太学生绍亭族叔大人寿圹记附铭》中对陈克绳的首倡之功深表敬意，认为此举虽然美成于众力，然而如果不是陈克绳公正谨慎，“信服人有素，乌能一唱百和，使同姓者亲如同父哉”？道光十九年（1839）冬天，一次规模很小的地方性公益活动中（集资修路），陈家也发挥了十分重要的作用：陈克绳之弟陈克调是五位“首事者”之一，陈克绳本人则是28位捐助者中捐款数额最大的一位——总数12500文中，陈克绳一人捐资2600文。所以，总的来看，陈克绳的最大功绩至少有以下三点：一是大力发展了父亲的遗业，二是延续了耕读的传统，三是巩固了陈氏家族在地方上的地位。从陈腾远到陈克绳，两代人的努力，陈氏家族终于从举步维艰的外来客家人，发展为家和业兴的本地名门，为陈氏家族的继续前行打下了良好的基石。

道光二十一年（1841），陈克绳以82岁的高龄辞世。他的四个儿子中，最为年幼的陈伟琳接过了祖父辈承前启后、光大门楣的接力棒。

陈伟琳才华出众，学识过人，六七岁时“授章句，已能通晓圣贤大旨，端重简默，有成人之风”，青少年时期即对王阳明的心学做过一番十分投入的钻研，穷探默证之际，觉得好像早有默契似的，认为：“为学当如是矣！奔驰乎富贵，泛滥乎辞章，今人之学，自贼其心者也。唯阳明氏有发聋振聩之功！”于是，他辞去一切功名利达之见，心仪古昔贤者，“久之，充然有以自得于心。一经有司，不应选，决然舍去，务以德化其乡人，尤相奖以孝友”。（郭嵩焘：《陈府君墓碑铭》）年轻的他放弃得如此果断，一方面缘自家庭的宽容，另一方面也缘自他作为一个阳明学说信奉者和实践者的知行合一。大约在科场第一次受挫后不久，“慷慨怀经世志”的陈伟琳便迫不及待地开始了追随古圣先贤的游历活动。

陈伟琳一路跋山涉水，首先来到位于长江下游的金陵。饱览胜境之后，他的行程遍及淮、徐、齐、豫，更远至大清帝国的心脏——北京。每到一地，考察山川、户口、厄塞、险易，“以推知古今因革之宜与其战守得失之数”，企图透过“天下晏然”的表象，窥探“乱机牙孽隐伏潜滋”的危机，“求思所以消弥之术”，一路行走，一路嗟叹，一路访寻天下奇士。

结束大江南北的游历回到家乡后，陈伟琳认为“士失教久矣，天下莫不然”，坚定了“诚欲兴起人才，必自学始”的信念，继续实施各类善行义举的同时，将更多的时间、更大的精力投入到梯云书院的创建和对应试童生的资助上。虽然雍正三年（1725）客家子弟已经勉强获得科考资格，但仍然面临许多困难，不仅缺乏良师指点，附学寄读时所遭到的排挤更令人难以忍受，于是渐渐认识到兴办客籍学堂的重要性。道光二十四年（1844），以林汴青、郑体元、陈伟琳等64人为首的士绅倡导捐建梯云书院，林汴青、陈伟琳等5人各捐银320两，为个人捐款数额最大者。“越数年而工竣”，厘定规则、延请山长等具体事务循序展开，给更多的客籍子弟进行集中学习提供了更大的便利，进一步提高了客家学子在科场上的竞争力，为那些出身贫寒的客家子弟解决了不少实际困难。在倡建和创办梯云书院的数十名客籍士绅中，陈伟琳所起的作用是突出的，虽然他并未出任书院要职，同许多崛起于垄亩的客裔乡绅一样，陈家一直是各类公益活动的积极参与者。远游归来的陈伟琳除了继续为地方公益尽心尽力，对于培育人才的文教大业也尤为着意，“凡有利济，无弗举也；有兴创焉，无弗先也”（郭嵩焘：《陈府君墓碑铭》），比起修桥铺路、抚孤恤贫、赈灾救助之类传统的善行义举，梯云书院的创办，显然更具长远意义。

在中国古代历史上，多有孝子因为父母疾病而学医的事例，陈伟琳也是这样的一个典型。其母谢太夫人体羸多病，侍奉父母“专利壹心，承顺颜色，不言而曲尽其意”的陈伟琳一直深以为忧。有一天夜里，谢太夫人突发重病，束手无策的陈伟琳连夜奔跑到20余里外的寺庙中向神灵祷告。等他急急忙忙赶回家中，母亲正好从昏睡中醒来，告诉家人道：梦里有神仙为我喂食了灵丹妙药。话刚说完，病痛居然神奇地消失了。陈伟琳从此潜心钻研起《素问》《灵枢》这一类医家著作，几年之后，他逐渐精通了各类医书的奥蕴，开始以医术知名于乡村间，远近登门求治的患者络绎不绝，“望色切脉，施诊无倦”。每当有人问及他的用心，他的回答始终是：“无功德于乡里，而推吾母之施以及人，亦吾所以自尽也。”这正是儒家孟子所谓的“老吾老以及人之老”的仁爱之心啊。自此，中医之学成为陈氏历代相传的家学之一，其子宝箴、孙三立均粗通医理，留下了不少为亲友治病开药的佳话。

陈伟琳娶妻李氏，生子女各三人：长子树年（1823—1882）；次子观瑞，“长三岁，以痘殇”；三子宝箴（1831—1900）。陈树年的生平少有人道及，据陈宝箴撰写的《诰授奉政大夫陈公滋圃墓表》记载，陈树年“少时不乐为儒，去而习贾，又不喜琐屑会计”“性刚而爱人，遇人无城府，若不知世有诈伪事”，有的人因此而欺骗他，一旦发觉，他便毫不示弱，“好饮酒，有不快恒使酒谩骂，既罢，意不自安”，又和人家好言和解，“故虽常忤人，人多谅其无他，弗恨也。然卒以酒致疾，未老而陨”。这位颇具赤子之心的陈门长子，其不拘小节、率性而为的个性，令人忍俊不禁，但“孝父母”“笃友恭”“尚忠厚”的古老家训在他身上依然得到了完好的贯彻，其侍奉双亲极尽孝心，“爱弟逾于自爱其身，爱弟之子逾于己子”，后来与弟弟陈宝箴率领团练抗御太平军，陈宝箴侨居京城三年备考会试，他则奉养老母为弟解除后顾之忧，都体现了长兄风范。

道光三十年（1850），洪秀全发动太平天国运动，咸丰三年（1853）二月十日，太平军夺取金陵，改称“天京”，定为都城。这期间，年过半百的陈伟琳组织乡绅们兴办团练，两个儿子陈树年和陈宝箴成为主要帮手。在钱粮的输出和乡勇的训练上，陈伟琳不顾逐渐老弱的身体，事事亲力亲为，“比有功暇，辄与讲求忠义，人皆喜自奋”。经过父子、兄弟的一番共同努力，迅速成为江西民团的佼佼者。咸丰四年（1854）春，太平军的一支队伍连续发动猛烈的进攻，邻近乡村人人自危，村民拖儿带女纷纷逃避，57岁的陈伟琳率领团练拼死抗御，殚精竭虑，最终于是年五月间积劳成疾，八月病逝。病重时，陈伟琳亲手抄录清初“关中大儒”李二曲的《答人问学书》，“备论死生之故”。临终前，又为爱子陈宝箴写下遗训：“成德起自困穷，败身多因得志。”用心之良苦不言而喻。

总之，陈寅恪家世，在历经陈腾远、陈克绳、陈伟琳三代艰辛经营后，终于从外来客家一变而为乡党大家，他们崇尚文化，渴望进取，创办书院，重学兴教，如此积淀下的陈寅恪家族之迅速崛起指日可待矣。尽管和他们的后代比起来，事业不及，功名不逮，然而若是没有这循序渐进的积累，又焉有此后子孙们的飞黄腾达、彪炳史册？是故，我们景仰、膜拜百年陈氏祖孙三代时，也请把目光投向他们的祖父辈吧，向他们致以深深的、浓浓的敬意！

第二章

陈宝箴：
政界大吏，维新变法开风气

第一节　湖南巡抚之前

我们心仪并推崇陈寅恪百年家族，确切来说，应当是从他的祖父陈宝箴开始，由此而陈三立、陈寅恪，形成近代史上独具一格的家学家风，所以，对于陈氏家族迅速地崛起为士大夫阶层至关重要的陈宝箴，大书特书亦不为过。

追随曾国藩镇压太平军

陈宝箴生于道光十一年（1831）正月十八，自幼记忆力和理解力都异常惊人。童年时期聪敏机智，其子陈三立记载："生而英毅，顾视落落然。七岁出宿外塾，旦日白塾师曰：'昨有夜不能寐者三人。'塾师诘谁何，则曰：'吾父、吾母及我是也。'"这段话出自一个7岁孩童之口，其心思之细腻、体谅之真挚，可以说十分难得。咸丰元年（1851）秋天，21岁的陈宝箴乡试考中了举人，这是陈家第一个功名突破，陈家大屋门前当年竖立的旗杆石至今仍保存完好，似乎在默默地见证着彼时的喜悦和荣耀。咸丰四年（1854）春，父亲陈伟琳在率领团练抗御太平军的操劳中去世，陈家上下一片哀恸，痛定思痛，陈宝箴与兄长陈树年重整旗鼓，继续投入到保卫家园的战斗当中，协助清军收复失地，由此获得“知兵”的美誉。战罢论功行赏，陈宝箴以功候补知县，陈树年以功赏戴蓝翎，这可谓陈家步入仕途的契机。

陈宝箴像

咸丰七年（1857），陈宝箴为父亲守丧三年期满，此后不久，他便开始了赴京参加会试的准备。咸丰十年（1860），不幸落第，刚刚步入而立之年的陈宝箴决心留在京城等待下一次与命运抗争的机会，生性豁达的他与各地应试的学子诗酒流连、切摩道义，结交了许多朋友。咸丰十年九月，英法联军火烧圆明园，内忧外患，国难当头，陈宝箴先回到江西探望三年未见的老母亲，旋即奔赴湖南，加盟湘军“击寇自效”，开始了第二次戎马生涯。

同治元年（1862）秋天，陈宝箴返乡，在离家数里的地方选择了一块山中空地，决定修建一座读书楼。他亲自动手，“拓基址，运陶石”，一番劳作之后，一座砖木结构的两层楼房便呈现了。陈宝箴为自己的这座读书楼取名为“四觉草堂”，缘于“深有惧夫视、听、言、动之四目，恻隐、羞恶、辞让、是非之四端，而或有不能以自觉也，遂以名斯堂”。《论语》中孔子最喜爱的弟子颜回请教老师什么是仁，孔子说“克己复礼为仁”，并具体指示了四个条目“非礼勿视，非礼勿听，非礼勿言，非礼勿动”，而孟子也曾说过人心区别于兽心有四个大的方面，那就是“恻隐之心、羞恶之心、辞让之心、是非之心”，陈宝箴为自己的这座读书楼取名为“四觉草堂”，显然是意在提醒自己修身养性，按照儒家仁义大道做人做事。今天我们还可以通过《陈氏宗谱》中“四觉草堂”的简图，一睹其风貌：草堂背倚山峰，堂后有石级蜿蜒通至峰顶，右侧山凹处有小亭翼然而立，草堂周围林木婆娑，云雾笼罩；堂前场地平整，有巨石一圈，二楼门楣题曰“安贞楼”，两旁悬挂着一副对联：“深居观元化，荡胸生层云。”

同治二年（1863）二月，陈宝箴抱着书踏进草堂，重新开始了闭门苦读的书斋生活。这里也是他的两个儿子陈三立、陈三畏读书之地，兄弟二人在父亲的这块圣地见识到了他与三两知己“谈笑挥斥”、诗酒欢宴的情景。经过四觉草堂内的休整后，陈宝箴又一次踏出山门。同年冬，他来到两江总督曾国藩设在安庆的大营。

在此之前，曾国藩早已对陈氏父子有所耳闻，慧眼识才的一代宗师数次派人邀请陈宝箴加入他的幕府，并送他一副贺寿集句对联“以表仰慕”：“万户春风为子寿，半瓶浊酒待君温。”手持这样一份特殊的邀请函，陈宝箴自然受到了曾国藩幕府上下的热情欢迎，幕府中虽说早已是人才济济，但陈宝箴的到来依然使曾国藩大喜过望，他被主人引为上宾，誉为“海内奇士”，幕僚们纷纷深相结托。

曾国藩对于陈宝箴的知遇之恩，当然不仅仅在于一两副对联，接见之初，曾经特意叮嘱他联结志同道合之人以自立相尚，彻底扭转业已败坏的江西士气。胡思敬《国闻备乘》中载：

> 陈宝箴初以举人谒曾国藩，国藩曰：“江西人素尚节义，今顾颓废至此，陈子鹤不得辞其责。转移风气将在公等，其勉图之。”子鹤者，新城陈孚恩也，附肃党，官至尚书，日营求入阁，故国藩及之。宝箴以资浅位卑，愕然莫知所对。国藩字而徐解之曰：“右铭疑吾言乎？人亦贵自立耳。转移之任，不必达而在上也，但汝数君子若罗惺四、许仙屏者，沉潜味道，各存一不求富贵利达之心。一人唱之，百人和之，则风气转矣。”宝箴谨佩不忘，对江西人辄传述其言，且喜且惧，自谓生平未受文正荐达，知己之感，倍深于他人。

我们知道，曾国藩是晚清一代儒宗，向来以读书、立志、转化气质提示后学，这里又勉励陈宝箴“转移风气”，勇于自任，彰显儒家的担当意识、使命意识，对于年轻的后生陈宝箴来说，不啻为莫大的鼓舞。陈宝箴父子后来的维新变法事业，以及陈寅恪的学术抱负，都鲜明地跃动着这一抹亮光，也可以说是陈氏家族“穷则独善其身，达则兼济天下”的家风特征吧！

在游幕曾国藩麾下时，陈宝箴为曾国藩中兴大业添写了浓墨重彩，主要体现为他的两次成功调停，一次是曾国藩与沈葆桢之间，一次是沈葆桢与席宝田之间，另外，围追堵截太平军，干王洪仁玕、恤王洪仁政、幼天王洪天贵福的俘获，都有陈宝箴的出谋划策、建言立功。

第一次出任湖南

同治七年（1868）夏秋间，曾国藩调任直隶总督，陈宝箴考虑再三，决定“就官邻省”，以便供养老母，恪尽孝道，于是入京觐见，“以知府发湖南候补”。这当中，发生过一件事，亦可见陈宝箴临危不乱的处事风格。

当时的湘南有一家姓欧阳的豪族横行乡里，“常械斗，杀数十百人，椎埋剽夺，纵横境内外”，陈宝箴奉命前往惩治。轻车简从的陈宝箴风尘仆仆地赶赴那里，刚一入境，便看见男男女女上千人聚拥于道旁，喧闹不止，一片叫笑谩骂声中，陈宝箴的轿子起起落落，不断被涌来“告状”的欧阳族人拦阻。尚未摸清底细的陈宝箴只得命手下传谕：“收呈太多，余候抵公馆接收。”不料竟招来轿子四周的一阵鼓噪，重新起轿后，居然仍有数百人紧紧追随。坐在轿中的陈宝箴再次命令落轿，回身劝谕，数百人即刻止步，“相顾而笑”。稍过片刻，轿子缓缓抬起，刚一走动，众人迅速拢上前来，喊声、笑声又升腾而起，此时，陈宝箴已经意识到这是一起早有预谋的聚众示威。他耐住性子，细细观察周围的动静，没过多久，他便发觉喧闹的人群时刻听命于轿子左侧一个男人的眼色，这个男子身材瘦长，脸上微微露着一丝讥笑。陈宝箴判断此人应该就是整出闹剧的策划者，他不动声色地招来贴身的卫士，低声发出命令。卫士们出其不意地拔刀扑向组织闹剧的男子，刚才还脸带讥笑的头面人物一见大事不妙，扑通一声跪倒于陈宝箴的轿前，口中不断求饶，路边聚集的旁观者见状纷纷退避，数十名老者逡巡片刻，最终相继跪伏于地乞求恕罪。陈宝箴“乃令亲兵十人，各杖之四十”，然后当场释放，闹事者于是都战战兢兢而退，自此一路上再也没有欧阳姓族人拦轿鸣冤，抵达县城时，“观者数千人，无敢哗者”。

同治十二年（1873），陈宝箴为21岁的长子陈三立在长沙举办了婚事。光绪元年（1875），陈宝箴奉命署理辰沅永靖道事，治所位于今天的湘西苗疆重镇湖南凤凰城。他首先着手于苗防的民心安定，其次致力于苗民的生活改善，把治所作为植竹种茶、刨薯为粮的推广中心。湘西地处万山丛中，苗民无所资生，竹、树、茶叶的种植逐渐使山区的经济有了改观，而刨薯为粮的迅速普及更是立竿见影，极大地缓解了困扰苗民多年的缺粮问题。红薯刨丝、晒干，制成薯丝干，可以久藏不坏，食用时掺入大米蒸成饭。陈宝箴亲自招来工匠打制刨子，又详细地传授种薯、刨薯、晒薯等具体工序。二十多年后，当升任湖南巡抚的陈宝箴再次来到这里阅兵时，这里早已是家家户户倚助薯丝干为食，二十年间活人无数，苗民终于获得了温饱。

湖南凤凰，现在作为闻名遐迩的古城，人们大多知道沈从文的名字，却很少有人知道陈宝箴的渊源。所幸时隔一百多年后，道府衙门被发现，笔者朋友、凤凰艺术家雷雨田先生堪称有识之士，认为无论如何要保护好这一历史文化遗迹。在其精心设计、辛勤经营下，2007年9月16日，“陈宝箴世家博物馆”举行了开馆仪式，陈宝箴的重孙女陈小从女士等陈家后裔给予了大力支持和协助，包括珍藏物件的捐赠。国家领导人视察凤凰古城，也每每在此驻足瞻仰，这里成为凤凰古城一道深沉富丽的历史文化名片。

致用精舍中的师道情怀

光绪二年（1876）九月初七，陈宝箴母亲李太夫人去世，享年78岁。按照传统孝道要求，陈宝箴辞去官职，在长沙为母亲守制，次年四月将母亲安葬。这期间，他邀请湘中名儒，为其子陈三畏、侄儿陈三厚、侄婿私塾授业。光绪五年（1879），守制期满，陈宝箴北上京师，逗留百余日内，同王文韶时有晤谈。光绪六年（1880）四月，陈宝箴被授予河北道（属河南省，治武陟）新职。七月二十日，郭嵩焘等湘中好友为其饯行，郭嵩焘一连写下多首诗文，表达对挚友远行的依依不舍之情，自伤自悼之余，对仁、智、勇兼具的陈氏父子寄予了无限期望。郭嵩焘对陈宝箴的此次任职是有看法的，在日记中写道：“候补湖南，不留之湖南，而使远适河南，朝廷于此并少权衡！”七月末，陈宝箴带着老友的殷殷祝福，携家人踏上了远赴河南的行程。

然而，接下来的几年，坎坷和不幸却一而再、再而三地创伤着陈家。首先是十月初五，陈三立之妻罗氏在途中病逝，年仅26岁。其次是光绪七年（1881），陈宝箴携家人任职河南的第二年，这一年可谓悲喜交加，喜的是这年五月十四日，朝廷颁令追赠二品衔河南河北道陈宝箴之曾祖父、祖父、父亲为通奉大夫，曾祖母、祖母、母亲为夫人，这是有清一代对陈氏家族的首次褒奖，得名于朝野的同时，又能因为自己的业绩而使先人荣显于身后，陈宝箴的喜悦自然不言而喻。《孝经·开宗明义章第一》中，孔子对曾子说孝道有始有终，“身体发肤，受之父母，不敢毁伤，孝之始也；立身行道，扬名于后世，以显父母，孝之终也”，陈宝箴堪称在此意义上的“光宗耀祖”大孝！悲的是朝廷诰敕颁布才过半年，陈宝箴之兄陈树年重病不治，十一月二十日殁于湖南，享年59岁。再次是光绪十二年（1886）四月初七，陈宝箴的次子陈三畏卒于长沙，年仅31岁。当时陈宝箴与长子陈三立均不在身边，四月底、五月中旬，两人才相继赶回，白发人送黑发人，身为父亲的陈宝箴难掩心头之痛，以至于四月二十六日老友郭嵩焘派人登门慰问时，陈宝箴哀伤之余乃至婉辞不见。陈三畏娶妻张氏，浙江嘉定人，生一子，名覃恪，时已6岁；另纳妾一人，生二女，幼女为遗腹女。此后，张氏母子数人，一直由陈三立照顾。陈三畏“为诗文颇秀逸可观，凡得论说、传记之文十有几篇，杂诗数十篇”，可惜均已失传。

在河南任职的三年，陈宝箴在儿子陈三立和随员们的帮助下，大力整顿吏治，“吏有所惮，奸豪多敛迹”。河北道的重任之一是修治黄河堤坝，武陟附近“河堤亘千里，尤湍悍”，陈宝箴经过实地勘探，亲自审订疏通水流、巩固堤坝的各项方案，同时彻底查办治河工程中玩忽职守、中饱私囊的腐败官吏。双管齐下带来了明显的成效，在任三年，“河不为灾”，当地老百姓的生命财产安全得到极大的保障。

加强吏治、巩固堤防之余，陈宝箴又有感于兴起人才造福地方的重要性，将此后的主要力量集中在学校的建设和学风的开创上，河北“致用精舍”的创立，正是在其思想的指导下一步一步展开的。他花费巨资修造校舍、购置典籍，又同儿子陈三立一起组织刻印了一批书籍，基础设施齐全之后，随即聘请湘籍名儒担任主讲，遴选秀异之才，严加督导，“学有规，课有程”。几年努力之后，在校士子学有所成，既通晓古今，又明了世事，随之而来的便是“河北风趋为一变”。

陈宝箴后来去官之前，尝取所为《致用精舍记》《致用精舍学规》《说学》诸篇汇刊之，“以稔后之君子暨诸生之造于学者”，一则曰：“河北山川轮郁，贤豪之所代钟，殆将有瑰玮卓荦之士，明体达用，出而经纬天地、弥纶万变者乎？荀子曰：‘不积跬步，无以至千里；不积细流，无以成江河。’笃之，培之，扩之，充之，以俟君子。”二则曰：“此次精舍，实欲为国造数有体有用之才，非可仅以博闻强识塞责。”这些文字今俱存于汪叔子、张求会先生编《陈宝箴集》（下）卷三十九，有识者毋忽焉！

笔者认为颇可注意的，为《致用精舍学规》中之第四条，兹先全文移录如下：

> 成德成材，本属一贯，后人歧而视之，遂致学术不古。肄业诸生，或文才可观，而于孝弟本原上不能尽职，虽有一切聪明才辨，适足以成为小人而已。孔子谓：“孝者所以事君，弟者所以事长。”古人求忠臣必于孝子之门，庭闱多阙，则异日之致君可知。故《大学》谓：“其所厚者薄，而其所薄者厚，未之有也。”其有内行肫笃而于经世大务荒秽不治，但取浅近语录奉为师资，则亦不足以成大器。精舍之设，原欲合体用为一，为国家树千百孝子忠臣、贤相良将，所以

望诸生者厚矣。山长于考察课程外，咨访诸生平日所以事亲事长之道，如内行不敦，斯宫墙有玷，即不得士礼相待。诸生宜有则改之，无则加勉。

这段文字，论述“孝弟本原”，宜加注意：首先，《致用精舍学规》凡十五条，论及诵习经史、旁览天算、存录日记、戒骄矜、免争心、师弟情义、谒圣拜师等诸多方面，然而专门阐发道德、申明“孝弟”，唯此特别一条，可见陈宝箴对其之看重。其次，“山长于考察课程外，咨访诸生平日所以事亲事长之道，如内行不敦，斯宫墙有玷，即不得士礼相待”，此一方面；另一方面亦当注意，陈宝箴并非唯“孝弟”而不及其他，其先曰“于孝弟本原上不能尽职，虽有一切聪明才辨，适足以成为小人而已”，后则曰“其有内行肫笃而于经世大务荒秽不治，但取浅近语录奉为师资，则亦不足以成大器”，足证其于道德、学问之“道”（孝道等伦理品行）与“学”（经史等学术才干）或说“德”与“才”并不偏废一端，而是合乎传统倡导的“道德学问，打成一片”，也就是陈宝箴所谓的“成德成材，本属一贯”。故曰：“精舍之设，原欲合体用为一，为国家树千百孝子忠臣、贤相良将，所以望诸生者厚矣。”“体用”亦即德、才，体之立而道生于身者为孝子忠臣，用之达而学济于世者为贤相良将，以此寄望于后生者，岂止是孤怀卓识于近代保守与进步、顽固与激进之上，就是对比今日之培养教育，吾辈又得无愧乎？！

陈宝箴在其与致用精舍诸生交勉之《说学》云：

诸君今日在此切磋，须深维国家之所以取士者何为，便当思我之所以自待者应居何等：当以君子自待乎，抑小人乎？当以忠臣孝子自待乎，抑罪臣悖子乎？当碌碌以苟富贵乎，抑兢兢以励名节乎？当稍求自别于庸众乎，抑蕲至于古之名儒名臣以无忝所生乎？如此细细推勘、刻刻提撕，自然志气奋发，一切流俗龌龊富贵利达之见，自然渐渐消沮。内重则外轻，将日进于高明而不能自已矣。

无论“忠臣孝子”，抑或“无忝所生”，此处“思我之所以自待者应居何等”，亦同样属于为学立志，故曰“如此细细推勘、刻刻提撕，自然志气奋发”。这是陈宝箴所屡屡提示后进以孝道伦理之真挚所在。一旦遇见才俊非议纲常，必平和晓谕，一旦获见名士敢言异说，则从容辨析。因此，我们综观陈宝箴之所唱行，真可见其于孝道伦理价值谆谆教诲，循循善诱，诚欲竭心尽力维系传统道德，并以此造就人才、导引学子。

这样的书院、这样的学规、这样的教育、这样的“师道”，似乎现在距离我们已经很远了，并且还在越来越远，这是让人痛心的！当然也不能放弃希望，毕竟每个时代都会让人看到一些传统文化得以传承、绵延的身影和努力。

《中国文化书院学规》第七条曰：“欲成就伟大之事业，必先成就伟大之学业。成就伟大之学业不能不脱心志于俗谛之桎梏，以发明真理为职志；成就伟大之事业亦必担负起人类群体之责任，以服务于社会为光荣。非特要蔚成学风，起一代人文，更要聚为良习，兴百年礼乐。此皆非取消而实为成全人之天才与个性也。故独立之精神，自由之思想，无论于学业于事业，均为至要至大之关键焉。”

第八条：“成就学业既要吸收人类之智慧，亦必须具备广博之知识，不能不有专长，亦不能不兼备通识。视野必广阔，工夫必精熟。由浅近入高远，虽高远仍平实，所谓极高明而道中庸是也。而沟通中西，融贯合一，既不忘本来民族之地位，又注意兼采外来学说之精华，则尤为善治学者所应注意。运转时代，创辟未来，不能不具备学养，亦不能不复活文化尔！”这里面，跳跃着的不正是“师道”的使命、“传道”的精神吗？

巧合的是，上述《中国文化书院学规》第七条中的“独立之精神，自由之思想”和第八条中的“沟通中西，融贯合一，既不忘本来民族之地位，又注意兼采外来学说之精华”，恰恰是陈宝箴之孙陈寅恪终生身体力行的学术理念和研究宗旨。经过陈宝箴及其子陈三立的揭扬、传承，“体用为一”的“师道”使命、“传道”精神，最终集中呈现于其孙陈寅恪身上，这也算是百年陈氏家族家风的一种蓄积和演化吧。

郁闷的是，由于受当时王树汶顶包案的牵连，奉命会同审讯的陈宝箴遭到言官清流健将张佩纶的弹劾，降三级调用。光绪九年（1883年）九月，陈宝箴回到长沙，与乡中旧友重开诗酒之宴，老友郭嵩焘特意赠诗劝慰：“黄粱梦醒酒初熟，毁誉纷纷何足论？”陈宝箴亦有一副对联保存于《郭嵩焘日记》中：“执法在持平，只权衡轻重低昂，无所谓用宽用猛；问心期自慊，不计较毁誉得失，乃能求公是公非。”两相比照，惺惺相惜，知己知心的共鸣跃然纸上。这期间，陈宝箴还为维新进步人士冯桂芬《校邠庐抗议》一书作序，《校邠庐抗议》是晚清第一部倡导变法的著作，冯桂芬请曾国藩为该书作序，曾国藩认为此书言辞偏激，不肯作序，陈宝箴欣然为之，可见其当时对维新思想已有相当程度的了解。

濡染张之洞之洋务

光绪十二年（1886）九月，两广总督张之洞奏调陈宝箴等五人赴粤。光绪十三年（1887）秋，因黄河决堤事态严重，礼部尚书李鸿藻奉命往郑州视察河工，九月十一日，朝廷命陈宝箴等三人赶赴河南襄助办理河工事宜。这期间最大的收获，便是以他自身的才识气度赢得了朝廷重臣李鸿藻的推崇和赏识，后来陈三立《巡抚先府君行状》一文中所说的“李公倾倒府君自兹始”，即是此意。

光绪十五年（1889）八月，湖南巡抚王文韶疏荐陈宝箴可大用，十月，陈宝箴与其他三位经王文韶奏请起用的人员被召入京师。光绪十六年（1890）十月，陈宝箴奉旨补授湖北按察使之职，第二年春夏间，陈三立携家人赴鄂随侍。六月十三日，郭嵩焘辞世，噩耗传来，陈宝箴悲痛异常，哭之以联：“推圣哲之心以论事，穷古今之变以匡时，绝识在几先，独抱孤忠泣苍昊；病虚骄之气为世患，视流俗之誉为士耻，遗编终论定，长悬皓日照幽扃。”其子陈三立亦作挽联：“孤愤塞五洲之间，众醉独醒，终古行吟依屈子；抗心在三代以上，高文淳意，一时绝学并船山。”要知道，当时的郭嵩焘使外归来，倡言洋务，负海内重谤，人人皆曰可杀，唯独陈宝箴推许为“孤众闳识，殆无其比”，其日后的维新大业，在一定程度上可以说是将挚友郭嵩焘的胸中韬略化成了行动。《论语》中曾子有言“以文会友，以友辅仁”，陈宝箴与郭嵩焘的友情，正是“辅仁”（维新）的真实写照。

陈宝箴留鄂数年，主要业绩有两点：一是对吏治的整顿，二是对盗贼的严惩。前者，他严肃法纪，决不姑息养奸，当时黄陂县有两名差役作奸犯科，民怨极大，却只得了个从轻发落，陈宝箴核实案情后，将其枭首示众，四方闻讯称快不已；后者，身犯重案的贼人诱拐妇女输卖为利，加上猾胥群盗附为爪牙，出没于襄阳、安陆一带，颇有酿成大乱的趋势，陈宝箴精心策划，挑选精干人员，准予便宜行事，四处搜捕，在不满一年的时间内，斩杀大盗惯匪多人，拐卖之风很快得到遏制。锐意除暴的同时，陈宝箴也注意到了涌入境内的流民逐年递增的严峻事实，他敏锐地察觉出流民之间普遍存在着轻视法令、为图果腹不惜以身试法铤而走险的危险倾向。为了真正实现政简刑清的目标，他开办了迁善所，专门收留那些犯下轻罪的流民加以教化，相应传授一些实用的手工技艺，以便这些人日后能借此改过自新、养家糊口。

特别需要指出的是，陈宝箴任职武昌前后凡五年，这五年对于以后他在湘抚任内实行维新举措极为重要，湖广总督张之洞兴办洋务的大刀阔斧、力求实效，给了他很大的震动，汉阳铁厂、湖北枪炮厂的开办，织布、纺纱、缫丝、制麻四局的创设，以及更早的两湖书院的创立，在开发地利的同时既抵御了洋货的入侵，又收到了培育人才、开启民智的功效。陈宝箴亲身经历了其中多项事业的兴起和发展，为以后的仿效和创新积累了十分难得的经验，其子陈三立侍亲持家之余，也一度被延请为两湖书院的都讲。

光绪二十年，中日甲午战争爆发，七月初一，清廷明旨宣战；初十，张之洞派陈宝箴赴江宁会商防务；十月，张之洞移署两江，兼署江宁将军；同月，陈宝箴被授予直隶布政使新职。此时朝廷大举调拨军力加强海防，急需得力官员，陈宝箴匆匆料理完长孙陈衡恪与范当世之女范孝嫦的婚事，迅速奔赴京师觐见。当时，继八月黄海海战受挫之后，十月初十，日军占大连，二十五日，旅顺失守，慈禧太后与恭亲王奕䜣谋求英美联络沙俄出面调停的黄粱美梦也已彻底破灭。24岁的光绪帝颇想借助一批朝臣赢得眼前的这场战争，以雪国耻，以树君威。

光绪二十一年（1895）正月二十日，光绪帝在召见陈宝箴时，详尽地询问了有关战守的种种策略，陈宝箴一一奏复的同时，仰望君王因为“宵旰焦劳，颜悴甚”，深以为忧。对答的间隙，他请求皇上“日读圣祖《御纂周易》数则，谓可开益圣学，得变而不失其常之道”，光绪帝有所触动，“为微起，改容颔之”。觐见的第二天，陈宝箴又更为细致地条陈了京畿防备的诸项事宜《谨奏兵事十六条》，包括“固畿辅”“择军将”“严津防”“简军实”“筹急款”等，随后他便投入到紧张而繁忙的具体事务之中。旅顺陷落后，刘坤一被任命为钦差大臣，驻防山海关，节制关内外陆军百余营，陈宝箴以直隶布政使“兼总东征粮台”，粮台设置在天津，为主动请缨赴辽抗日的吴大澂部湘军转运粮草，事务安排得到刘坤一的赞赏。

其实平心而论，赤胆忠诚的陈宝箴固然有才干、有谋略、有见识，然而在明治维新脱亚入欧的日军面前，腐朽的清王朝不堪一击，这是古代传统的农耕文明和现代先进的工业文明之对抗，以冷兵器对战坚船利炮，所有的努力都是徒劳的。细看陈宝箴所说的几条意见，显然是旧式套路。

光绪二十一年正月十八，日军入据威海刘公岛，北洋海军提督丁汝昌自杀，显赫一时号称亚洲第一、世界第八的北洋海军顷刻之间全军覆没。第二天，朝廷委命李鸿章为钦差头等全权大臣与日本议和。二月十八日，李鸿章、李经方父子以及美国顾问科士达，自天津出发赶往日本。三月二十三日，丧权辱国的《马关条约》签订。陈宝箴闻讯后放声痛哭："无以为国矣！"他急切地上书条陈利害得失，仍企盼着有所补救。三月二十六日，使日归来的李鸿章心情复杂地抵达天津，外间早有传闻称李鸿章不久将恢复直隶总督之职，陈宝箴却激奋难平，拒不往见，且公开表示："李公朝抵任，吾夕挂冠去矣！"四月十七日，其子陈三立甚至致电张之洞，吁请奏诛李鸿章："国无可为矣！犹欲明公联合督抚数人，力请先诛合肥，再图补救，以伸中国之愤，以尽一日之心。局外哀鸣，伏惟赐察。"今日看来，陈氏父子其情可以理解，其怒未必是李鸿章一人所可担当也，在晚清苟延残喘、穷途末路之时，没有哪一个人可以幸免，同样，也没有哪一个人可以救世，"千余年未有之大变局"，只等一声枪响重新洗牌了！

第二节　湖南巡抚之后

第二次出任湖南

光绪二十一年七月二十四日，因为朝廷重臣荣禄的举荐，陈宝箴被任命为湖南巡抚。此时，“湖南旱饥，赤地且千里”，朝廷深以为忧，催促陈宝箴迅速赴任，无须入京觐见。九月，陈宝箴由海道自直隶赶赴长沙。湖南的这场旱灾，来势凶猛异常，20多个州县受灾，其中浏阳、醴陵、衡山三地尤为严重。陈宝箴深知朝廷的财力早已捉襟见肘，赈灾款项原本就有限，此刻更不可抱太大的幻想，想要尽快缓解灾情、平定民心，只能自谋出路。他充分利用游宦四方时结下的种种交谊，“先传电诸省大吏，乞互助，旬日达复电，有助金五六十万”，陈宝箴“用是稍得借手矣”。他首先大赈灾情最重的浏阳、醴陵、衡山三县，解救饥民于水火之中。到任伊始，陈宝箴又立即奏请朝廷允准湖南境内“装运谷米杂粮往来售卖，无论水陆卡局一概免收厘金，其贩运出省者，仍令于出境首卡完纳一次，俟至年谷丰稔，仍复照旧章办理”，后来又严令禁止贩运粮米出境，以免进一步加剧灾情，“次第振活都百数十万人”。

赈灾济民首战告捷后，陈宝箴迅速开始了对湖南吏治的大力整顿，府县以下昏庸无能、难称其职的20多名官吏转眼间被撤换，旋即代之以干良者。清理了各级衙门中的败类之后，他又马不停蹄地将旨在“立富强根基”的洋务事业提到了施政日程上来。回顾来看，湖南是陈宝箴真正开始政坛生涯的第一站，而立之年，他在这块土地上浴血奋战过；不惑之年，他在这块土地上赢得过赞誉；花甲之年，他总算等来了在这块土地上大显身手的最后一次机遇。陈宝箴“故官湖南久，习知其利病，而功绩声闻昭赫耳目间，为士民所信爱，尤与其缙绅先生相慕向，平居尝语人曰：‘昔廉颇思用赵人，吾于湘人犹是也’”。在他看来，国势不振已到了无以复加的境地，“非扫敝政，兴起人才与天下更始，无以图存”。湖南虽说位置稍嫌偏僻，但“据东南上游，号天下胜兵处，其士人率果敢，负气可用，又土地奥衍，煤铁五金之产毕具”，以长远打算而言，在这样一个具体而微的形胜之地苦心经营一番，完全可以为天下先，立下富强根本，“足备非常之变，亦使国家他日有所凭恃”。缘于此，当他起初听说履新之地是湖南时，“独窃喜自慰”。

梁启超与时务学堂

光绪二十二年（1896）二月，清廷准允陈宝箴所奏，在长沙设立矿务总局，不谙矿务也不在其中任职的长子陈三立，“一切为其主持”，成为掌管大小事务的关键人物。随着湘中维新事业的依次开办，性格、年龄各异，办事风格不一的人才开始络绎不绝地聚集在陈宝箴父子周围。

光绪二十三年（1897）三月，《湘学新报》（自第二十一册起更名为《湘学报》，旬刊）创刊于长沙，学政江标任督办，唐才常等人担任主编，巡抚陈宝箴以为“指事类情，洵足开拓心胸，为学者明体达用之助”，札饬各州县订阅。春夏间，陈三立往游沪上；五月，曾在金陵会晤谭嗣同；七月初返湘。此行一是为筹办中的时务学堂购置仪器；二是为时务学堂的筹创征集各方意见，而从他与《时务报》汪康年、梁启超的往来密切来看，还包括为时务学堂物色教习。不久，《湖南时务学堂缘起》发布，“吾湘变，则中国变；吾湘立，则中国存。用可用之士气，开未开之民智……广立学校，培植人才，为自强本计”的办学要旨，暗含着扫荡积弊、革故鼎新的无限自信。陈宝箴任命熊希龄为提调，主持一切行政事务，经黄遵宪举荐、众人公议，决定延请梁启超、李维格分任中、西文总教习。八月二十八日，时务学堂第一次招考，录取学生40名。据参加了首次考试的章士钊、杨树达回忆，巡抚陈宝箴亲自“监临收卷”，并且对应试学子谆谆劝导，陈三立则担负了“校阅文卷”的任务。比起数年前学政江标的以舆地、掌故、算学试士，这次招考对湘中莘莘学子的震撼更为巨大而直接。第二年三月，时务学堂第二次招考；闰三月，第三次招考。200余名对前途充满信心的隽异之才聚集长沙，在各位教习的悉心培育和引导之下，接受了迥异于以往的学习。

梁启超的到来可谓一波三折。与数年前领导“公车上书”时相比，此时的梁启超声望如日中天，早已不是初出茅庐的后起之秀。八月十二日，熊希龄致函《时务报》经理汪康年，请求为梁启超、李维格放行。十三日，黄遵宪、江标又分别致函汪康年，敦请梁启超入湘。正当长沙官绅翘首以待时，九月的一场不大不小的风波险些把梁启超堵在湖南的大门外。九月初一，《时务报》第四十册出版，所载梁启超《知耻学会叙》一文对无耻之官、士、商、兵、民严加指摘，申言列强入侵之际，应知耻图强、变法自救，否则“使易其地居殷周之世，则放巢流彘之事，兴不旋踵”，频频敲响危亡之警钟。湖广总督张之洞见而恶之，十六日，他郑重其事地给湖南巡抚陈宝箴、署理按察使黄遵宪发去电报，要求立刻查封已到《时务报》，不得散发。电文如下：

《时务报》第四十册梁卓如所作《知耻学会叙》，内有“放巢流彘”一语，太悖谬，阅者人人惊骇，恐招大祸！“陵寝蹂躏”四字亦不实，第一段“越惟无耻”云云，语意亦有妨碍。若经言官指摘，恐有不测，《时务报》从此禁绝矣！报馆为今日开风气、广见闻、通经济之要端，不可不尽力匡救维持，望速告湘省送报之人，此册千万勿送。湘、鄂两省皆系由官檄行通省阅看，今报中忽有此等干名犯义之语，地方大吏亦与有责焉，似不能不速筹一补救之法。尊意有何良策？祈速示。

这篇电报可谓信息量大，蕴含丰富，细读下来，令人感触不已！湖南筹设时务学堂、延聘梁启超等事，张之洞自然一清二楚，他在此时发出这样一份电报，应该说是另有一层深意。张之洞可谓洋务开明者矣，而与“有代沟”的梁启超维新仍有新旧分歧，然而也看得出张之洞保护《时务报》、羽翼弄潮儿的一番苦心。换句话说，务实中正、稳健进取，尽量避免过激引发的不利、不测，是老成的张之洞对于时局时势的运筹帷幄。值得庆幸的是，九月的这场《时务报》风波并未影响陈宝箴、黄遵宪对梁启超的诚意相邀。十月，梁启超一行数人终于从上海启程，同行的除李维格外，还有欧榘甲等时务学堂分教习。再加上谭嗣同、唐才常等人，至此，陈宝箴父子苦心经营的维新队伍总算配置齐全了。

欣欣向荣的湖南新政

陈宝箴抚湘时的务实之举，其子陈三立曾概括为六项："董吏治""辟利原""变士习""开民智""敕军政""公官权"。在顺利完成安抚饥民、整顿吏治的任务之后，陈宝箴清醒地认识到巩固农林、扶植工商的重要性，此所谓"辟利原"也。鉴于各地对整治塘堰多有忽视，因而无以备旱，往往酿成灾荒的严峻现实，陈宝箴责令各地有田之家与佃耕之户务必视同一体，设法兴办应修塘堰，以提高抗旱能力。湖南山地极多，多数山地一直任令荒芜，客民出身的陈宝箴自然明了山地生活的艰苦，但他也深知只有人尽其力、地尽其用，才能保证无饥无荒、泽被后世。他一方面饬令各府各县组织开垦荒山荒地，因地制宜种植各类谷物、树木，另一方面又劝谕有山之家与其日久荒芜，不如就近与山民立约承佃，只需保留地权，不必计较山租，以促福安民。

"辟利原"的另一项重要举措是大力扶植工矿业。湖南矿藏丰富，加快对煤、铜、铅、金等矿的开采，一度成为陈宝箴父子倚以为助的头等大事，到戊戌年间，各类矿场已有百余处。陈宝箴或是设法筹措创办基金，或是劝谕民众大力支持，或是准允专利以资鼓励，最大限度地调动了有识之士的积极性，极大地促进了地方工商业的发展。致力于开办工矿业的同时，陈宝箴对电信、交通等基础设施的建设也甚为关注。粤汉铁路倡修时，原来的线路规划恰好有一段经过湖南，但上上下下“咸虑湖南人不易从”，经办此事的盛宣怀也犹豫不决，他特意将众人的担心透露给陈宝箴，陈宝箴的回答简短而有力：“湖南独非王土邪？诚便大计，必力任！”盛宣怀听后仿佛吃了定心丸一般，于是原定线路不变。不料勘路工作费尽周章，陈宝箴深知绅民对于洋人勘路的仇视心理，他不厌其烦地将修筑铁路的无穷利益反复晓谕民众，努力消除百姓的顾虑，同时与张之洞、盛宣怀等深思熟虑，力避操切行事。此外，陈宝箴还积极鼓励绅民集股自办，以保利权。

“变士习”“开民智”，主要体现在从最初的订阅《时务报》分发各府州县，供官员次第阅读以开风气而广见闻，到后来的创办《湘学新报》《湘报》，既介绍西方科学文化知识，又宣传维新变法思想，甚至鼓吹“君民共主”的立宪政治，湖南的维新宣传一步步走向深入，时务学堂和湘报馆成为引导湖南新政逾越张之洞“中体西用”藩篱的主要策源地。比起那些习惯于背负着旧枷锁举步维艰的长辈，各地选送入学的年轻士子们仿佛初生牛犊一般无私无畏，如果说农林、矿产、工商的兴办还仅仅称得上着眼于目前的务实之举，那么旨在“变士习”“开民智”的一切努力无意中竟成为谋划于将来的务实之举——陈宝箴父子始料不及的是，时务学堂和湘报馆为日后的革命培养了一批批杰出人才。

“敕军政”之举最主要的是对旧式营伍的整改和武备学堂的创办。经过一番整改，军风军纪迅速得到改观。不久，陈宝箴又将省城的求贤书院改建成武备学堂，用以演习武事，培养新式军官。“公官权”则内容复杂，当时和后世的争议也最多，这其中既有得到新旧人士一直称颂的保卫局的设立，也有收效不甚显著的课吏局的夭折，更有招致境内外不断讦责的南学会的举办。保卫局的设立和运行，署理按察使黄遵宪功不可没，这位思想开明、眼界开阔的外交家，留守湖南的时间虽不长，却竭尽全力地协助陈宝箴父子推行新政，且深得陈氏父子的器重和信赖，他除了明令禁止湖南女子缠足，还仿照西方国家的巡警制度，裁撤保甲团防局，改设“保卫局”（附设迁善所），并亲自担任总办，总司其事，左宗棠之子左孝同被举为会办。保卫局“职事在去民害，卫民生，检非违，索罪犯”，“意在官民合办，使诸绅议事，而官为行事”，这一“官民合办”之制，系黄遵宪向陈宝箴父子推介所致，“诸绅议事，而官为行事”的模式虽说没有招来湘中守旧官绅的强烈反对，但事实上已经体现出公官权而倡民权、寻求地方自治的某种尝试和努力。黄遵宪向陈氏父子倡导此举的经过和用意，事后他曾在《致梁启超书》中作过详细的说明：

仆告义宁父子曰：“今者时势，即将古今名臣传、循吏传中之善政一一举办，亦无补于民，无补于国。”伯严愕然问故，仆徐告之曰：“今之督抚，易一人则尽取前政而废之，三十年来，所谓新法，比比然矣。必官民合办，费筹之于民，权分之于民，民食其利，任其责，不依赖于官，局乃可不撤，此内政也。万一此地割隶于人，民气团结，或犹可支持。即不幸力不能拒，吾民之自制略有体制，扰攘之时，祸患较少，民之奴隶于人者，或不至久困重儓，阶级亦较易升。譬之为家长者，令子若孙衣食婚嫁之资，一一仰给于父兄，力又不能给，不如子若孙之能自成立明矣。”议遂定，然仆于此寓民权，终未明言也。

这封信颇能帮助后人洞察当年维新人士的良苦用心，尤其值得注意的是黄遵宪与陈氏父子之间若隐若现的“新旧”认知。这一点，后来的历史发展也逐渐表明，同为维新变法，仁人志士彼此的分歧终将显现，乃至分道扬镳。

光绪二十四年（1898）二月，保卫局筹办；六月初，正式开局。《湘报》曾有专文报道开办情形：“保卫自开办以来，各局员绅倍极勤慎，日夜严饬巡丁梭巡街市，城中无赖痞徒渐皆敛迹。”奸偷衰息、廛市晏然的效果赢得了官绅的交口称赞，市井细民更是拍手称快。相比之下，课吏馆则黯然失色些，它本创设于吴大澂抚湘期间，对它的改造肇始于时务学堂中文总教习梁启超的建议。

光绪二十三年（1897）十二月，入湘不久的梁启超在大胆上书敦请陈宝箴谋求湖南自立之后，又有《论湖南应办之事》一书上呈巡抚。他在信中将开民智、开绅智、开官智视为“一切之根本”，而“开官智又为万事之起点”，因此“课吏堂不可不速立”，同时又建议“宜设一新政局，一切新政皆总于其中”。课吏馆真正开始运行时，梁启超已离湘返沪，因此筹办事宜及章程草拟均交由黄遵宪负责。与保卫局相比较，课吏馆“惟办理不善，来馆者少，时亦甚暂，未闻‘实效’”。

南学会筹谋于光绪二十三年。这年十一月，谭嗣同、唐才常等人痛感于德国侵占山东胶州湾，瓜分危机加重，欲先从湖南省发动，联合南部诸省志士相与讲求救亡之法，讨论地方重大兴革之计以备省政当局采纳，于是禀请开学会。深知谭嗣同、唐才常隐衷的黄遵宪“即以为议院”，陈宝箴很快同意，命“以孝廉堂为会所”，著名学者皮锡瑞闻讯后，赞叹道：“开化可谓勇矣！”十二月，约与梁启超二次上书同一时间，谭嗣同也有《上陈佑铭抚部书》论及亡后之图。信中认为局势危急之下，“善亡者亦不乱。善亡之策有二：曰国会，曰公司。国会者，群其才力，以抗压制也。湘省请立南学会，既蒙公优许矣，国会即于是植基，而议院亦且隐寓焉”。谭嗣同此信相当大胆而直接，他一方面痛斥张之洞“动辄与言民权者为敌”，另一方面将陈宝箴称颂为海内唯一“能兴民权者”，其情其意其用心，亦可谓跃然纸上、呼之欲出了。

光绪二十四年二月初一，南学会在长沙正式开会，官绅士民集者300余人，会长皮锡瑞讲“立学会讲学宗旨”，黄遵宪讲“政体公私人必自任其事”，谭嗣同讲“中国情形危急”，陈宝箴讲“为学必先立志”，“首举‘有耻立国’四字为言，闻者洒然动容”。值得玩味的是，陈宝箴不但带头入会，亲自宣讲，而且还特意邀请了相交多年的王先谦出席这次开讲盛典，颇能反映出陈宝箴当时“独知时变所当为而已，不复较孰为新旧，尤无所谓新党旧党之见”的中庸之道。此后，南学会的宣讲虽说不可避免地不断遭到守旧士绅的反对，各地分会也纷纷遭到不同程度的破坏，但维新人士们自始至终坚持“专以开浚知识、恢张能力、拓充公益为主义”，南学会的确具备了地方议会的性质，不愧是湖南新政的重要组成部分。

总之，陈宝箴父子与身边的维新人士，“皆以变法开新为已任”，几经努力，地方风气为之一变，“外人至引日本萨摩、长门诸藩以相比，湖南之治称天下”，似乎“人心齐，泰山移”的大好局面马上就要出现。不得不说，这确实是一个令人振奋、令人为之鼓舞的时代，如果长此下去，历史或许将会呈现出另一番日新月异的气象。

内外交迫的压力

古语说得好，“尽人事，听天命”，世间时势发展，往往并非一厢情愿、一帆风顺的，陈宝箴父子的湖南维新志业，注定也要遭受各方面不可控因素的干扰。

首先是光绪二十三年二月，德国人谔尔福游历来到长沙，不巧巡抚陈宝箴出巡，谔尔福遂派人投刺拜谒布政使何枢，请求入城。怎料何枢严词拒绝，大骂信使，牌示驱逐，于是湘官群哄于上，湘民群哄于下，一瞬间拥集了数万人。谔尔福誓死必欲入城，官民誓死必禁入城，双方就这么对峙起来。

僵持数日后，总算有人头脑清醒，派遣专人搭乘轮船赶赴湖北向总督张之洞请示，等待上方指示之时，岳麓书院等诸生群情激昂，大有击之以死之势。岳麓山长王先谦出面压制，竟招致生童们的一番诟骂，熊希龄等人见事态日益失控，立即拜见学政江标，请求江标出面邀请德人入衙。江标应允之后，约定三更时分派人前往迎迓，谁知守城官员早已落锁，坚称没有藩台命令，不敢私自开城。久索不得之下，谔尔福遂在城外空想一夜。

二月十六日，张之洞手谕送达，其在批示中严加斥责藩台诸人，明令诸官不得借口巡抚出巡推卸责任激成意外，否则严惩不贷。熊希龄等人也趁热打铁，公开表示：“倘激有他变，吾辈当专控藩臬！”局势这才稍稍缓和下来。熊希龄等人继续奔走调停，最后议定仍旧在三更时邀德人至抚署后宅宴饮。

半夜时分，坚持多日的谔尔福总算入了长沙城，压惊宴上，留守各官除何枢外，均被请来作陪。谔尔福问道："抚台有大少爷，闻在署，肯见我否？"熊希龄等人立即催请陈三立出来见客，陈三立再次致歉，觥筹交错之际，冰释前嫌，宾主尽欢而散。

此事未过多久，长沙一带风传德国借口谔尔福遇阻一事竟然致函总署，扬言将从香港、汉口调遣七艘兵轮至湘问罪，长沙内外议论纷纷，有人说这是谔尔福为了出气故意散布的谣言，也有人说这是德国人借题发挥蓄意挑起事端。陈三立预先探知消息，即刻设法补救，一番活动之后，迫在眉睫的一场弥天大祸总算冰消瓦解。

国势颓微，人为刀俎我为鱼肉，稍有风吹草动，自然会引来无穷的忧虑和焦灼。这年十月，德国以两名传教士在山东巨野被杀，派遣舰队占领胶州湾，并进据胶州、即墨等地。第二年，熊希龄在上书巡抚陈宝箴时，也曾深有感触地写道："去年二月德人谔尔福游历来湘，藩台拒而不纳，三书院生童几欲击之以死，龄与伯严等犯众怒而为之，幸而入城无事，否则山东曹州之祸，不在胶湾，而在长沙矣！"这话颇有"劫后余生""细思极恐"的味道，然而揆诸当时，也不能说这是杞人忧天、草木皆兵。

其实早在光绪十八年（1892），长沙周汉诋毁西教一事已惊动朝廷，闹得沸沸扬扬。当时排外揭帖文告多来自湖南，传闻与长沙候补道周汉有关。是年二月，湖广总督张之洞派员赴湘查禁诋毁洋教之歌谣。四月，清廷从张之洞所奏，诏令禁止排外文告，并将周汉革职，交地方官严加管束。周汉虽说被革职、遭管束，但在湖南内外，他的“忠义之举”却是有口皆碑、妇孺皆知的。德国占领胶州湾的消息传至长沙，年过花甲的周汉激于忧愤，继续在各乡县张布揭帖。深恐激发意外的陈宝箴下令传毁其帖，周汉“殴传吏，益横”，陈宝箴力排众议，下之狱。周汉一向极端反对泰西教，“海内多奖谓忠义，尤为其乡人所信重”，无形中成为长沙一带保护名教的偶像，即使是维新派内部，也一直有人对周汉表示同情，而对陈宝箴的拘禁行为深表遗憾。实际上，迫使陈宝箴力排众议将周汉拘捕入狱的客观情势是：外敌虎视眈眈之际，湘民仇外情绪高涨，大有一触即发之势，不如此不足以保全刚刚起步的湖南维新事业，对于陈宝箴父子而言，顾虑大举以救亡图存是真，保全周汉以安抚民众也是真，折中的做法就只有将周汉囚禁起来以与外界隔绝。陈三立在事发两年后追述乃翁当年的心情时这样写道：“（府君）愀然曰：‘非然无以全大局，亦无以区全周汉。’”从中足以窥探当时陈宝箴的委曲求全。囚拘周汉不久，光绪二十四年三月十三日，南学会第七次开讲，陈宝箴讲“不必攻耶教兼及周汉事”，引拘禁周汉事再次诫谕湘人不可杀害“洋人”，贻朝廷及地方之忧。其实早在南学会开讲典礼上，陈宝箴就已经在“论为学必先立志”的讲演中借谔尔福一事做过告诫：

以天下数万里之大，四万万之众，不得与欧洲诸国比，岂非吾辈之大耻乎？！虽然，当耻我不如人，不当嫉人胜我。今湘人见游历洋人，则群起噪逐之，抛掷瓦石殴辱之，甚欲戕其人而火其居，不思我政教不如彼，人材不如彼，富强不如彼，令行禁止不如彼，不能与彼争胜于疆埸之间，而欺一二旅人于堂室之内，变故既起，徒以上贻君父之忧，下为地方之祸，不更可耻之甚哉？！

从中我们可以鲜明地感受到，开明的陈宝箴也是“开眼看世界”的与时俱进人士，深刻认识到政教、人才、富强、令行禁止、军事等方面的整体落后，所谓“知耻而后勇”，以此劝勉民众发愤图强，而不是私愤图快，“小不忍乱大谋”，真是苦心孤诣啊！这两次讲演前后相隔不过一个多月，却并未产生多少效果，可见当时的陈宝箴虽然极受湘中绅民爱戴拥护，一旦遇到同“洋人”有关的事情，大多数人便在民族国家情绪化中无法接受巡抚大人的劝谕和做法了。

其次，如果说上述两次涉外事件尚是个例的话，那么湖南维新事业过程中新、旧两派的分歧和斗争，则可以说是真刀真枪的较量。

虽然康有为未能亲临湖南，梁启超任职长沙前后也不足四个月，但湖南私淑康学者却大有人在，即便是巡抚公子陈三立，也曾对康有为佩服的“五体投地”，谓“中国有此人，即亡如不亡”。《时务报》创办伊始，陈三立叹服于梁启超的卓识宏论，大为神往，陈宝箴也“以才辩器重启超”，遂有聘梁启超主讲时务学堂之举。梁启超入湘后上书陈宝箴请谋自立，此信言辞隐约，并无过激之语，而且“脱有不幸，使乘舆播迁而六飞有驻足之地，大统沦陷而种类有依恃之所”的陈词，事实上也部分地暗合了陈宝箴履新之际思谋“营一隅为天下倡，立富强根基，足备非常之变，亦使国家他日有所凭恃”的初衷。因此，尽管梁启超、谭嗣同急于大行康学于湘中的意图不言而喻，但陈宝箴还是听任了他们的上书，同时，时务学堂内诸教习旨在扭转人心的启蒙式教育，也在相当长的一段时间内得以自由进行。

不过，世间的人事从来都不是非黑即白的单纯，陈宝箴父子对梁启超、谭嗣同自立民权活动的支持或默许，自然是经过一番深思熟虑的，他们对康有为、梁启超、谭嗣同、唐才常学识的称赞是真，但对大行康学的忧惧和不满也是实，当湖南守旧士绅对维新活动的攻讦尚不猛烈时，支持或默许梁启超、谭嗣同的过激言行便成为陈宝箴父子的主要倾向，而当省内外守旧力量相互连接，足以动摇无数人士苦心经营的新政事业基础时，防范或控制便成为陈宝箴父子二人的主要倾向。

梁启超、欧榘甲等人，当时对年轻的湖南学子展开了旨在“以一丸药翻人心而转之”的启蒙式教育，身为时务学堂中文总教习的梁启超，以康有为万木草堂的教学原则为蓝本，制定《湖南时务学堂学约十章》，具体包括：一曰立志，以天下为己任，为救亡而献身；二曰养心，破苦乐，破生死，破毁誉，威武不屈，富贵不淫，贫贱不移；三曰治身，忠信笃敬；四曰读书，穷尽上下千古，纵横中外之学；五曰穷理，深思考，勤观察；六曰学文；七曰乐群；八曰摄生；九曰经世；十曰传教。这十条学约的主要宗旨在于学以致用，全面发展，教学内容侧重培养学生具有维新变法的意志，阅读儒家著作及历代治乱兴衰的记载，参酌西方资本主义国家的社会学说和自然科学知识，研求危机紧蹙之际救亡图存的对策。醉心于民权平等之说的师生们，在日常札记的写作、批改中大胆发挥，往往极尽嬉笑怒骂之能事，如学生课卷提到改朔易服，梁启超批注道：“衣服虽末事，然切于人身最近，故变法未有不先变衣服者，此能变，无不可变矣！”批语中又常常有揭露清军入关之际“屠城屠邑，皆后世民贼之所为，读《扬州十日记》，尤令人发指眦裂”之类的激愤言语。不数月，时务学堂便被长沙守旧士绅攻击为“革命造反之巢窟”，旧党代表人物叶德辉潜心搜罗新党“悖谬”言论，几乎将梁启超在时务学堂所援用之书及所撰各书一一作了批驳。另一方面，有人上书王先谦、叶德辉，请求王、叶二人出面与巡抚交涉，敦促解聘梁启超。谣言随即在四处传播开来，有人说陈宝箴已厌恶梁启超，有人说日内将派王先谦代替熊希龄，有人说叶德辉即将出任中文总教习，巡抚陈宝箴父子的一言一行越发成为众人关注的焦点。

光绪二十四年三月初八，《湘报》第二十号刊出时务学堂学生易鼐所撰《中国宜以弱为强说》一文，其中“改正朔，易服色”“一切制度悉从泰西”“通教以绵教”“合种以留种”“黄人与白人互婚”等激进论调，引起了省内外的轩然大波。这些言论在今天看来，简直是“预言式的先见之明”，然而在一百多年前的晚清，不亚于癫痫疯狂的胡言乱语，连陈宝箴也认为“过于偏激，惊世骇俗，非处士所宜言”。不久，《湘报》第二十七号又刊出皮锡瑞之子皮嘉祐所撰《醒世歌》，内有“若把地图来参详，中国并不在中央。地球本是浑圆物，谁是中央谁四旁？异哉当今士大夫，四海犹望能匡扶。何为古今事都昧，见闻甚陋同乡愚”等“劝醒”之语，这在今日看来是小学生都知道的基本常识。

《醒世歌》刊布第三日，叶德辉致书皮锡瑞，对易鼐之文及皮嘉祐之诗予以严厉抨击。闰三月，《湘报》风波继续扩大；二十一日，隐忍多时的湖广总督张之洞致电陈宝箴、黄遵宪，称易文“真是十分悖谬，见者人人骇怒”“此等文字远近煽播，必致匪人、邪士倡为乱阶，且海内哗然，有识之士必将起而指摘弹击，亟宜谕导阻止，设法更正。鄙人撰有《劝学篇》一卷，大意在正人心、开风气两义，日内送呈，并祈赐教”。张之洞还指责近期《湘学报》，“奇怪议论较去年更甚，或推尊摩西，或主张民权，或以公法比《春秋》，此间士林见者啧有烦言，以后实不敢代为传播矣”。可见，此时此刻，倡导中体西用的张之洞和维新志士们的根本分歧越来越明显了，他们之间的立场显然不在同一个层面上。

二十三日，张之洞收到陈宝箴的复电，表示要采取一些补救措施，而反对势力更进一步行动，上疏弹劾陈宝箴、江标等人。有“小之洞”美称的梁鼎芬也向黄遵宪表示：“兄欲挟湘人以行康学，我能知隐情。国危若此，祈兄上念国恩，下恤人言，勿从邪教，勿昌邪说。如不改，弟不复言。”四月初六，天津《国闻报》称湖南守旧士绅“联名函告京中湖南同乡官”，谓陈宝箴“紊乱旧章，不守祖宗成法，恐将来有不轨情事”。初七，叶德辉致书皮锡瑞，劝告皮氏尽快离开长沙。十六日，梁鼎芬致电陈宝箴，攻击维新人士：“有为、启超聚众敛钱，形同光棍，心同叛逆，辇下哗然，败露在即，请告遵宪，可以回心。嗣同、希龄、才常、鼐、锥诸妖贼，公已饬人监禁否？仁铸小子可恶已极，吾必斥之！”内外交迫的压力之下，陈宝箴父子的行动不可避免地有所迂缓犹疑。

四月十一日，决意离湘赴赣的皮锡瑞前往陈宝箴处辞行。十八日，皮锡瑞至陈三立处道别，“谈及时事，胆大不壮，迫于浮议，付之无可如何而已”，眼看湖南变法大业的两位领袖也如此一筹莫展，皮锡瑞不由得悲叹道：“湖南事岂遂无能挽回耶！”

谭嗣同、唐才常与陈三立的矛盾

倏忽幻异、波谲云诡之际，陈宝箴父子不得不有所防范，调阅时务学堂札记就是自我防范、以备不虞的具体措施之一。陈宝箴调阅之后，并未予以深究，但陈三立与谭嗣同、唐才常之间的裂痕却因此进一步扩大。当时外间传闻称巡抚调阅札记时，分教习于一夜之间仓皇涂改课卷评语，谭、唐对此坚决予以否认，唐才常对“依附某学门墙，逐微名微利”的指责进行辩驳，谭嗣同也是火药味十足，否认涂改课卷之余，另有一番慷慨陈词：

> 宗旨所在，亦无不可揭以示人者，何至皇遽至此？！平日互相劝勉者，全在“杀身灭族”四字，岂临小小利害而变其初心乎？！耶稣以一匹夫而撄当世之文网，其弟子十二人皆横被诛戮，至今传教者犹以遭杀为荣，此其魄力所以横绝于五大洲，而其学且历二千年而弥盛也。呜呼！人之度量相越岂不远哉？！今日中国能闹到新旧两党流血遍地，方有复兴之望，不然，则真亡种矣！佛语波旬曰：“今日但观谁勇猛耳。”秉三及分教虽不勇猛，当不至此，此嗣同可代为抗辩者也！

这话充分体现了谭嗣同做人做事的义无反顾。实际上，谭嗣同、唐才常对陈三立的不满可谓由来已久，只不过这个时候显得尤其强烈。三人早在湖北时就曾交集，那时陈宝箴担任湖北按察使，谭嗣同之父谭继洵担任湖北巡抚，唐才常则就读于两湖书院。谭嗣同和陈三立一开始的往来尽管算不上密切，但对陈三立的“议论明通”，谭嗣同也颇为称许。中日甲午战争的惨败和割地赔款的奇耻大辱，使陈三立、谭嗣同都受到深刻刺激，陈三立致电张之洞，吁请奏诛李鸿章，再图补救，谭嗣同则致书他的老师欧阳中鹄，自称“经此创巨痛深”，“绕屋彷徨，未知所出，既忧性分中之民物，复念灾患来于切肤”，竭力呼号变法，提倡新学。与此同时，陈三立、谭嗣同几乎不约而同地重新关注起子侄辈的教育，以冀图谋于将来，谭嗣同在信中告诉老师：“近颇劝令弟侄辈从事时务，昨晤陈伯严，亦云已令子弟改业西学矣。”对艰难时局的共同关注和对变法图强的共同企盼，加上父辈形成的通家之好，使得陈三立、谭嗣同这一时期的交往较为融洽平稳。陈宝箴莅湘不久，就看到了谭嗣同的《兴算学议》，他也叹服于谭的识度、才气、性情，命将《兴算学议》遍散湖南各书院。

陈三立、谭嗣同交谊开始出现裂痕，起因则是在工矿企业组织形式上的分歧。湖南创设矿务总局的奏折得到批准后，陈三立虽不在其中任职，但矿务总局的一切事务由其主持，由于张之洞兴办洋务实业的方式给陈宝箴父子留下了深刻印象，故而长沙总局起初“专主官办，不招商股，绅商旧开者改以归官，集赀请开者悉为封闭”的做法，显然受到张之洞所办局厂的影响；然而官办之外不准有私开之矿的严格规定，使得湖南矿业的发展举步维艰。商民在商言商，并不会因为陈宝箴父子“营一隅为天下倡，立富强根基，足备非常之变”的耿耿孤忠而放弃营利的基本原则。官字当头，各矿的产、供、销均由官方包办，经营数月，收效甚微，此后的章程虽有所变通，“亦有商办一条，而曰股银必缴入矿局，又派委员监之，令商人月出经费百金”，犹如“不禁之禁”，诸商依然“望风退避”。谭嗣同得知湘中矿务尽归官办后，“极不谓然”，以为“中国所以不可为者，由上权太重，民权尽失，官权虽有所压，却能伸其胁民之权，昏暗残酷，胥本于是，故一闻官字，即蹙额厌恶之”。不久，他回到湖南，逗留长沙时向陈三立“言及矿务办理不善，应行改章”，陈三立怒而不听，谭嗣同

“废然而返”，谓陈三立与在鄂时“议论明通相反”，“判若两人，尤不可解”。至此，陈三立、谭嗣同的交谊在湖南维新实践中第一次蒙上了阴影。

光绪二十四年，陈三立与谭嗣同的关系在风云变幻中发生了更大的变故。这年春天，谭嗣同回到长沙，进行旨在倡行民权的维新活动。《湘报》创刊后，谭嗣同任董事兼主笔之一。三月初三，《湘报》刊载康有为《上清帝第五书》，并附谭嗣同所撰跋，谭嗣同在文中盛赞：“其心为支那四万万人请命，其疏为国朝二百六十年所无也！”称康有为为南海先生，自侪于康门弟子之列。岳麓书院院长王先谦见报后，斥为“党援推奉”，当时已入巡抚幕府的欧阳中鹄致信谭嗣同、唐才常，言陈三立亦不以谭嗣同此举为然，谭、唐二人立即联名给老师复信：“是非可出，嫉妒之心亦自化，即从此偶有异同，亦可彼此详商，不致遽借师权以相压！”信中还明确表白不畏压迫继续赞美康学的决心。三月初六，欧阳中鹄再次致信谭、唐，声明上一封信并非陈三立所迫，而是他自己的意思，并说陈三立对康有为也是“五体投地”，信中还以朱、陆异同而朱、陆皆君子为喻（宋儒朱熹与陆九渊），劝谭、唐恢宏气量，“以固吾群”。谭、唐再次复信时的语气虽较上一次委婉，但对陈三立，谭嗣同依然极为不满，说陈“平日诋卓如（梁启超），则其人亦太不测矣”，并指斥陈三立往欧阳处“陈诉”，“岂欲出死力钤束嗣同而后快耶”？！至此，陈三立、谭嗣同再次交恶。

我们回头来看，陈三立对谭嗣同的不满，与办矿时“谨小慎微”，“迂缓多疑，未做事先杜弊”的风格相一致，秉承了稳妥、慢进的变法宗旨，而谭嗣同却是“维新思想的健者”，他的维新思想卓异于陈宝箴父子之处主要在于对民权平等之说的倡导，在于对激进变革道路的鼓吹。谭嗣同的变法论，披拣宗教与哲学中“动”的要素，极力暴露现状的矛盾，欲使其速乱，以完成他冲决网罗的梦想：“世乱不极，亦末由拨乱翻之正，故审其国之终不治也，则莫若速使其乱，犹冀万一能治之者也。且其间亦有劫运焉，吾观于中国，知大劫行至矣！”明乎此便不难发现，陈、谭的交恶势必在所难免。事实上，这种根源于变法思想的差异，又受制于环境改变而造成的友情恶化，并非仅仅发生在陈、谭之间，包括后来陈宝箴父子迫于情势，使得熊希龄退出时务学堂余怒不息，再比如后来康有为、梁启超师徒之间的分歧分化等。

张求会曾经指出，一个世纪前的湖南，在两军对垒、你死我活的新旧斗争之外，维新派阵营内部其实也一直存在着一场特殊的“斗争”，虽说没有枪林弹雨，却也弥漫着硝烟和战火；虽说没有刀光剑影，却也充斥着抵触的怨怒，一切的猜疑、埋怨，一切的指责、敌视，似乎都可以归结为一场理智与情感的较量。在笔者看来，“理智与情感”还远不足以涵盖维新志士之间的矛盾分歧，用我们现在的话说，有“代沟”的隔阂，有家世背景的熏染，有个人性情的差异。总之，方方面面、大大小小的因素，造成中国近现代史上“志同道合”而又“分道扬镳”甚至反目成仇的事例，也生动地证明了：历史，从来就不是戏曲舞台上的黑脸白脸、非忠即奸，它的丰富多彩、千姿百态，正体现在这现实中的喜怒哀乐、百转千回之中。

戊戌政变的刀光剑影

光绪二十四年五月十六日，张之洞、陈宝箴奏请“妥议科举章程并酌改考试诗赋小楷之法”，两人共同主张一切考试均以讲求实学实政为主，不得凭楷法之优劣为高下，以励硕学而黜浮华，然而还未等到这份奏折被朝廷正式采纳。二十二日，湖南守旧派就将《湘绅公呈》递到了巡抚面前。在此之前，叶德辉等人从时务学堂批语中发现新党“悖谬”实迹，于是呈告岳麓书院山长王先谦，并联名上书王先谦，称：“康梁所用以惑世者，民权耳，平等耳，试问，权既下移，国谁与治？民可自立，君亦何为？是率天下而乱也！”信中另附时务学堂批语，请王先谦出面与抚宪交涉。王先谦见“悖逆连篇累牍，乃知其志在谋逆”，遂约同叶德辉等九人，于五月二十二日联名上书陈宝箴，强烈要求撤换时务学堂教习，全面予以整顿：

> 梁启超及分教习广东韩、叶诸人，自命西学通人，实皆康门谬种，而谭嗣同、唐才常、樊锥、易鼐辈，为之乘风扬波，肆其簧鼓。学子胸无主宰，不知其阴行邪说，反以为时务实然，丧其本真，争相趋附，语言悖乱，有如中狂。始自会城，浸及旁郡，虽以谨厚如皮锡瑞，亦被煽惑，形之论说，重遭诟病，而住堂年幼生徒，亲承提命，朝夕濡染，受害更不待言。是聚无数聪颖子弟，迫使斫其天性，效彼狂谈，他日年长学成，不复知忠孝节义为何事，此湘人之不幸，抑非特湘省之不幸矣！今皮锡瑞不为珂里所容，樊锥复为邵阳所逐，足见人心不死，率土皆同。从前士绅公议，拟俟梁启超此次来湘，禀请钧

夺。昨闻其留京差委，学堂自必另聘教习。窃以为本源不清，事奚由治？伏乞大公祖严加整顿，屏退主张异学之人，俾生徒不为邪说诱惑，庶教宗即明，人才日起，而兼习时务者，不至以误康为西，转生疑阻。学校幸甚！大局幸甚！

《湘绅公呈》递上，陈宝箴批示斥之，王先谦、叶德辉等人大为恼怒，迫于压力，陈宝箴最终还是对时务学堂及《湘报》作了改组，准备聘请接任梁启超之职的大儒沈曾植，沈曾植当时正在湖广总督张之洞幕中主持武昌两湖书院史席，陈三立特意亲自致电梁鼎芬，委托他催请沈曾植入湘任职。

五月二十七日，陈宝箴上呈《厘正学术造就人才折》，奏请销毁康有为《孔子改制考》版本之余，对康、梁还是颇寓曲全之意，在一定程度上代表了相当一部分封疆大吏的矛盾心理："臣闻工部主事康有为之为人，博学多才，盛名几遍天下，誉之者有人，毁之者尤有人，誉之者无不俯首服膺，毁之者甚至痛心切齿，诚有非可以常理论者。当此百度维新、力图自强之际，千人之诺诺，不如一士之谔谔，谓宜比之狂简，造就而裁成之。"陈宝箴还曾将奏折草稿交王先谦寓目，王先谦也说"赐读请毁《孔子改制考》书板疏稿，于厘正学术之中，仍寓保全人才之意，甚善甚善"，同时更指出"但康有为心迹悖乱，人所未知，粤中死党，护之甚力，情况亦殊叵测"，"充其伎俩，何所不至？我公盛德君子也，如康因此疏瓦全，不可谓非厚幸，但恐留此祸本，终成厉阶，有伤知人之明，或为大名之累"。在对康有为其人其学的根本判断上，显然二人有着全然不同的认识。陈宝箴亦有回信，以为"皇上顾赐之召对，不加诛戮，而用之总署，岂不以其无悖乱之迹，而所陈皆勤勤君国之言，且有为内外诸臣所不能言不敢言者耶”，表达了他对光绪帝、康有为君臣互动的看法。

六月十八日，陈宝箴“密保京外贤能各员”“择其名位未显，而志行可称、才识殊众，为臣素所知信者，共得十有七员”，即陈宝琛、杨锐、刘光第等。十七人中，杨锐之所以名列其中，主要缘于张之洞的推荐。杨锐为张之洞的门人，张之洞“累欲荐之，以门人避嫌，乃告湖南巡抚陈公宝箴荐之”。

六月二十二日，监察御史杨深秀上折请求褒奖陈宝箴。次日，光绪帝下谕，对陈宝箴予以褒扬：

> 目今时局艰难，欲求自强之策，不得不舍旧图新。前因中外臣工半多墨守旧章，曾经剀切晓谕，勖以讲求时务，勿蹈宋明积习，谆谆训诫，不啻三令五申。惟是朝廷用意之所在，大小臣工尚恐未尽深悉，现在应办一切要务，造端宏大，条目繁多，不得不裒集众长，折中一是。遇有交议事件，内外诸臣，务当周咨博访，详细讨论，毋缘饰经术，附会古义，毋固执成见，隐便身图，傥或面从心违，希冀敷衍塞责，致令朝廷实事求是之意愆其本旨，甚非朕所深望于诸臣也。总之中国现在病在痿痹，积弊太深，诸臣所宜力戒。即如陈宝箴，自简任湖南巡抚以来，锐意整顿，即不免指摘纷乘。此等悠悠之口，属在缙绅，倘亦随声附和，则是有意阻挠，不顾大局，必当予以严惩，断难宽贷。

从中不难看出，光绪帝对“时局艰难”“自强之策”“舍旧图新”的切实感受和迫切渴望，对“中外臣工半多墨守旧章”的不满焦虑，对陈宝箴“锐意整顿”的肯定赞赏，以及对“有意阻挠，不顾大局，必当予以严惩，断难宽贷”的警示决心，年轻君王的情怀和担当可谓跃然纸上、呼之欲出！

七月二十日，谭嗣同与刘光第、杨锐、林旭等一同被皇帝以四品卿衔任命为军机章京，参与新政事宜。七月二十九日，杨深秀再次上折，充分肯定“陈宝箴锐意整顿，为中华自强之嚆矢”的同时，对于陈宝箴“被人胁制，闻已将学堂及诸要举全行停散”表示担忧，“仍请严旨儆勉，以作其气”。同日，光绪帝颁布上谕，鼓励陈宝箴“务当坚持定见，实力举行，慎勿为浮言所动，稍涉游移”。

正当维新变法紧锣密鼓地进行之际，赤胆忠心的仁人志士们并没有意识到，幕后的人物和势力也在不动声色地开始布置机关陷阱。八月初三，晚清最高权力核心慈禧太后重出训政，历史发展到这一时刻，开始剧情大反转了。

光绪二十四年八月初六，慈禧太后再出训政，所谓的戊戌政变爆发。初七，命于天津、上海等处严密查拿康有为，而就在同一天，尚不知晓京城巨变的陈宝箴还致电总署，请召张之洞入京襄赞新政。初八，行太后临朝训政礼。初九，张荫桓、徐致靖、杨深秀、杨锐、林旭、谭嗣同、刘光第均著先行革职，交步军统领衙门拿解刑部审讯。初十，上谕密电两江总督刘坤一捉拿已革翰林侍读学士文廷式，搜捕维新党人的天罗地网顷刻间拉了起来。

八月十二日，有人上折请罢陈宝箴、徐仁铸。十三日，谭嗣同、林旭、刘光第、杨锐、杨深秀、康广仁等六人遇害。十四日，徐致靖交刑部永远监禁，其子仁铸革职永不叙用，张荫桓发配新疆。二十一日，有人上折弹劾陈宝箴等："陈宝箴信任梁启超、黄遵宪、熊希龄等，在湖南创立时务学堂、南学会、保卫局，伤风败俗，流毒地方。屡保康有为、杨锐、刘光第等，其称康有为至有'千人之诺诺，不如一士之谔谔'等语。旋闻前数日内，又电保谭嗣同等。今逆党已明正典刑，陈宝箴应如何惩治之处，出自圣裁。其时务学堂、南学会、保卫局，应请旨一并裁撤，以端风化而厚人心。"裁撤长沙南学会、保卫局及湖南维新人员的谕旨遂于同日下达：

> 湖南省城新设南学会、保卫局等名目，迹近植党，应即一并裁撤。
>
> 湖南巡抚陈宝箴，以封疆大吏滥保匪人，实属有负委任，陈宝箴著即行革职永不叙用。伊子吏部主事陈三立，招引奸邪，著一并革职。候补四品京堂江标、庶吉士熊希龄，庇护奸党，暗通消息，均著革职永不叙用，并交地方官严加管束。

这一天，张之洞致电陈宝箴，转达裁撤南学会、保卫局电旨。二十四日，陈宝箴答电抵武昌，仍称办理保卫局颇有成效，拟至九月再行咨奏。同日，张之洞知悉陈宝箴革职，致电慰问，陈宝箴次日复电时仍念念不忘保全保卫局之事："其法用意精深，实为一切善政始基，弃之良可痛惜！热血乍冰，忍勿能已，辄为我公一倾吐之。"九月十七日，陈宝箴正式将巡抚印信移交给新任湘抚，陈氏父子为之腐心焦思、废寝忘食、艰苦曲折经营缔造数年的维新事业，事实上一个月之前已经被彻底摧毁，父子二人"一生政治抱负，遂尽于此"！

赍志而殁

陈宝箴父子被革职后，选择了江西南昌作为乱世避居之所。历经官场险恶、政治风波的陈宝箴，再不用为纷扰繁杂的人事呕心沥血了，也算回归家庭天伦之乐。此时，长孙陈衡恪已是25岁的青年，也有了一个5岁大的男孩（封可），陈隆恪、陈寅恪两个孙儿亦少年老成，懂得读书求知。

经世致用数十年的陈宝箴，“于诗文果不多为，为则精粹有法”。其诗作各体兼备，风格各异，残存的数十首作品，时间跨度大，创作背景各不相同，表现手法也各有特色。纵使生活困苦、处境艰危，“饥寒亦何道，独复哀黔元”的情怀始终不渝，“旷览蹑五岳，眇然小九州”的胸襟一以贯之，诗笔工雅而襟怀坦荡。“俯仰感北极，歌呼动南溟。鲲鹏鸠莺皆吾群，尧舜事业等浮云。下山大笑且沉醉，浇我胸中丘壑之嶙峋！”这首《陟庐山顶，旷然有高世之想，举酒作歌》将其豪放飘逸、洒脱不羁的诗文性情表现得最为突出。陈宝箴的绝大多数诗作流露出压抑不住的风云之气，他虽有魄力和识见，但浮沉僚属多年，一直难有用武之地，故其诗中每每用意深远，即使是吐露高世之想的诗文也难掩用世之情深。“乾坤泡幻局如棋，独立苍茫事可悲”，他以屈原、贾谊自况，体现其维新改革者身系家国、心念兴亡的胸怀和气质。

不过需要指出的是，陈宝箴一生以救国济民、维新图存为职事，写诗作文只是他涵养性情、寄托怀抱的一种方式。生平不自爱惜，脱稿辄弃去，遂致荡佚，其诗作至今仍没有确切的数目，综合各家所录，至少仍有40余首留存于世。至于陈宝箴之文，主要以奏议、书简、批牍、札记、日记、碑志、序跋为主，除了《湘报类纂》《戊戌变法档案史料》《湖南历史资料》《客家人在修水》等有所收录，《义门陈氏宗谱》还录有数篇碑记、题序，修水民间另有一册题为《陈宝箴中丞遗集》的手抄本。仅就上述有限的诗文而论，陈宝箴也完全称得上颇具特色的诗人和散文家。今天，有关陈宝箴个人的文字，已由汪叔子、张求会汇编整理为《陈宝箴集》，中华书局出版，收录有陈宝箴各类著述146万字，是目前所收录最齐全者，为陈宝箴、陈氏家世研究提供了珍贵、便捷的第一手资料，值得学术界同道以及所有关注、关心陈宝箴与陈氏家世的朋友珍藏。

光绪二十六年（1900）四月，陈三立挈家移居金陵，陈宝箴暂留南昌，约定是秋必前往团聚，不料“是年六月廿六日，忽以微疾卒，享年七十”。后世围绕陈宝箴的死因大做文章，在陈宝箴猝逝前数月，有关慈禧太后下令秘密处死陈宝箴的消息就已经有所流传，故而迄今为止关于陈宝箴之死真相的猜想，便是这一说法的翻版。历史人物，尤其是有过传奇色彩的历史人物，他的人生注定会有诸多“传奇故事”，陈宝箴的去世，也是这一现象的一个案例吧。

陈宝箴“学宗张朱，兼治永嘉叶氏、姚江王氏说，师友交游多当代贤杰，最服膺曾文正公及沈文肃公”（宋儒张载、朱熹、叶适，明儒王阳明，清人曾国藩、沈葆桢），除了与曾国藩、沈葆桢等人同甘共苦，他还曾与郭嵩焘相知于湖南，与张之洞合作于湖北，这样一批谙于国情，虽倡导洋务却又始终主张“守国使不乱，以待奇才之出”的前辈，他们的观念和经验无疑对陈宝箴产生了十分深远的影响。治湘期间，陈宝箴父子身体力行的正是一条不伤国体、意图以稳健渐变之法立富强根基的改革之路。

以陈宝箴的真实情感而言，时局危蹙之时，他自然急于与湘中维新同人“商一破釜沉舟，万死一生之策”，因此对于康有为、梁启超等人极力主张快变、大变、全变的急切心态，他的确也能够理解。但康、梁师徒的治今文公羊之学、附会孔子改制以言变法，在陈氏父子看来，“其于历验世务欲借镜西国以变神州旧法者，本自不同”，所以，对于义乌朱一新撰写《无邪堂答问》驳斥康有为公羊春秋之说，陈氏父子又“深以为然”。陈宝箴“喜康有为之才，而不喜其学也”，这一点康有为本人亦十分明了，陈宝箴去世后，康有为所作挽诗有云“公笑吾经学，公羊同卖饼”，就颇能反映康有为的自知之明以及陈宝箴不认同康学的个人立场。历史总是呈现出远比后人的理解更为纷繁复杂的状态，陈宝箴父子对康、梁的认识和态度正体现出历史本身的这种复杂性，这一点，我想即便对于我们去解读陈宝箴从政、维新的一生，以及研究评说每一个历史人物的人生，也是适用的。

作为湖南维新大业重要组成部分的时务学堂，曾在其中肄业的学生，大多数人日后都在不同的领域成就了一番名垂青史的伟业，他们当中既有以蔡锷为代表的拯救民族危亡的英雄豪杰，也有以章士钊为代表的终生奋斗于进步事业的民主志士，还有以杨树达为代表的创造一代学术高峰的国学大师，守旧士绅们将时务学堂视为“革命造反之窟穴”，算是对时务学堂反面的肯定。陈宝箴在世时，不可能料想到莘莘学子日后会有怎样的作为和成就，客观地说，时务学堂当年和日后所产生的种种影响，当然凝聚了陈宝箴父子的心血和汗水，但在整个过程中，陈氏父子和时务学堂诸生之间更像是无心插柳柳成荫的关系。换句话说，对时务学堂的创办、维系、发展，陈氏父子固然开明呵护、寄予厚望，但时务学堂本身的走势和未来，未必如他们所规划设想的那样循序渐进，超乎他们的预料，正是历史本身对陈氏父子乃至每一次时运转机的静默见证，这一切，恐怕也只有在时过境迁后的人们回眸审视时才会恍有所得吧。

最后，让我们集中来看陈宝箴的两篇文字，来解读他的家教家训思想。告老还乡于南昌的某一天，陈宝箴特意召来孙儿隆恪，将一把亲笔书写了勖勉之词的折扇交给他，题词这样写道：

> 读书当先正志。志在学为圣贤，则凡所读之书，圣贤言语便当奉为师法，立身行事俱要依他做去，务求言行无愧为圣贤之徒。经史中所载古人事迹，善者可以为法，恶者可以为戒，勿徒口头读过。如此立志，久暂不移，胸中便有一定趋向，如行路者之有指南针，不致误入旁径，虽未遽是圣贤，亦不失为坦荡之君子矣。君子之心公，由亲亲而仁民，仁民而爱物，皆吾学中所应有之事。故隐居求志则积德累行，行义达道则致君泽民，志定则然也。小人之心私，自私自利，虽父母兄弟有不顾，况民物乎？此则亦痛戒也。四觉老人书示隆恪。

这段文字，既能表现出陈宝箴要求孙儿以学行统一、严义利之辨为本的殷殷深情，也能反映出陈宝箴身处逆境依旧泰然自若的精神面貌，可谓集中呈现了陈宝箴的家教理念、家风思想，值得我们认真解读。

首先，“读书当先正志”。这是宋明理学以来尤其是程朱理学念念不忘的教人法，晚清一代名家曾国藩的家书中以此晓谕晚辈，也屡屡以此指示，应该说这反映了传统社会一致的教育理念。立志是人生终极指向和追求，是“心系远大，着眼当下”的人生导航，如陈宝箴所说“行路者之有指南针”，“胸中便有一定趋向”，属于目标走势的引领，所以我们才会称之为“志向”，有没有这一“志向”，人生进取大不一样。有的话，“不致误入旁径，虽未遽是圣贤，亦不失为坦荡之君子矣”，即孟子所说的“先立其大，则小者不能夺也”，不会被前后左右形形色色的名利诱惑，未必终究成为圣贤，却也至少是个君子；没有的话，则一会儿东一会儿西，摇摆不定，随波逐流，是可以肯定绝对成不了圣贤的。其次，“隐居求志则积德累行，行义达道则致君泽民”，这不就是孟子所说的“穷则独善其身，达则兼济天下”吗？这不正是先忧后乐的范仲淹之进退出处吗？陈宝箴的这一段内容，真正可以视作陈寅恪家族家学家风的宝贵资源，仍然需要我们继续研究体悟。

陈宝箴自己曾对范当世谈起他从目睹圆明园烈焰之后，“遂欲辍文学，讨时事，奋其愚陋，庶几乎一日之强”，至今仍能看到的陈宝箴生前所写一篇短文《书塾侄诗卷》，为后人了解陈宝箴的诗文之论保留了重要线索。在这篇不足300字的小文中，陈宝箴语重心长地告诫年轻人：

诗言志，志超流俗，诗不求佳，然志高矣。又当俯仰古今，读书尚友，涵养性情，有悠然自得之致。绵渺悱恻，不能自已，然后感于物而有言，言之又足以感人也。然即以诗论，亦必浸淫坟籍，含英咀华，以相输贯，探源汉魏，涉猎唐宋人，于作者骨格神韵具有心得，然后执笔为之，不见陋于大雅之林矣。今侄且无肆力于诗，且先肆力于学，以侄之聪明才能，摆脱一切流俗之见，高著眼孔，拓开心胸，日与古人为徒，即以古人自待，毋自菲薄，毋或怠荒，他日德业事功，皆当卓有成就。以此发为诗文，如万斛泉源，不择地而涌矣，况不必以辞章小道，与专门名家者争优劣耶?！子夏曰：虽小道，必有可观者焉，致远恐泥。闻侄渐留意于书画笔墨之间，而未知问学，故书此以广所志，勉旃勉旃！

这篇文章，我们如果也从家教家训家学家风的角度来看，里面大约透露出以下两点意思：第一，为人为学，“志”字当先，“志”是一个人做人做事的根本；第二，志向树立后，最重要的便是“学”，读书、交友，涵养性情，开拓心胸。具备了这两大要素，诗文辞章“小道”自然可观。这里既体现了传统社会一以贯之的“万般皆下品，唯有读书高”的通常理念，也透露出陈宝箴个人对于“书画笔墨”的不以为然。在今天，我们固然无须如此这般评论优劣高低了，但是其中“志”“学”的论述，还是有其深刻内涵的，值得将其放在家教家训家风体系中予以研究讨论，继续发挥理论与现实的双重价值。

第三章

陈三立：诗坛泰斗，同光旧体展风采

第一节　戊戌政变前

陈三立，陈宝箴之子，陈寅恪之父，连接百年陈氏家族头尾的中坚。他的人生基本上是伴随着父亲陈宝箴的政治生涯展开并收束的，这在上一章的论述中已经可以见其梗概。因此，本章的内容将对之外的陈三立略作勾勒，呈现其个体面貌。

年轻时代

咸丰三年九月二十一日（1853年10月23日），陈三立出生。取名“三立”之义，来自儒家经典《左传》中的一段话：“太上有立德，其次有立功，其次有立言。”立德、立功、立言这“三立”，从春秋时期以来，就被历代中国人视为人生境界最圆满的“三不朽”，以此为名，显然蕴含着极高的期望。

咸丰四年（1854），陈宝箴跟随着父亲和兄长，率领团练奋力抵抗太平军，两岁大的陈三立被母亲背着，夹杂在逃难的队伍中，奔往邻县躲避战火。某天夜里，他们意外地撞上了一小股乱兵，老少妇孺立刻慌乱地躲进路旁的树林，同行的老妇人吓得不停地抖动着身子，忍不住劝告三立母亲用棉絮塞住孩子的嘴，以免哭声招来大祸。母亲担心孩子被棉絮捂死，冒着风险没有听从老妇人的话，两岁的陈三立居然没有发出一声啼哭，一场杀身之祸得以幸免。

陈三立有一弟一妹，然而不幸的是都夭折了。弟陈三畏身体羸弱，但生性警敏，顺于父母，7岁时和哥哥陈三立一起来到父亲陈宝箴修筑于深山的四觉草堂读书，从陈三立的追忆中不难看出，此时的陈三畏全然是一副闹学顽童的形象。后来陈三畏真正懂事，这才幡然悔悟，一心向学，“蕲以发名成业，弭吾父母无涯量之思”，不料最终未能一展其才，留下了无穷的遗憾。弟弟去世后，弟媳和三个孩子一直由陈三立照顾，而侄儿陈覃恪的教育、婚姻和事业，也是由陈三立负责。陈三立、陈三畏兄弟原有一个小妹妹叫陈金龄，小陈三立6岁，聪明可爱，因疾而殁，死时年仅3岁。

陈三立的父亲陈宝箴长年在外，他的祖父陈伟琳指导其学习中国传统文化的经史子集，打下了良好的诗文基础，树立了经世济民的远大抱负。光绪八年（1882），已届而立之年的陈三立逐试南昌，主持江西乡试的是侍讲学士陈宝琛，考题为“岁寒然后知松柏之后凋也”。据孙女陈小从说，陈三立因为不喜八股时文，故采用古文答卷，结果因违反行文体制，初评时即遭废黜，幸得陈宝琛独具慧眼，大加赞赏，从落第卷中选拔中举，陈三立以此“中式廿一名举人”，两人五十年师生情谊开始于此，陈三立此后终生奉陈宝琛为座师。

光绪十五年（1889），陈三立考中进士，旋以主事分吏部考功司，这是陈三立一生中唯一一次仕宦经历，到任还不到三个月，便难以忍受官场习气，以侍亲为名毅然辞官而去。中进士是传统社会踏上仕途的重要一步，甚为荣耀，所以当消息传到老家修水后，村里也轰动起来，不久，便在陈氏大屋前竖立起了陈三立进士旗杆墩，上面刻有“光绪已丑年主政陈三立”10个字。

年轻时的陈三立，常自负才识超出常人，敢于批评达官贵人，然而当他回家与妻子谈到这些，妻子愀然说：“有必要对我说大话吗？”陈三立因而惭愧不能言。

光绪二十年（1894）一月，陈三立为汪康年《振绮堂丛书》作序，认为“气机之所辟，智力之所极，或反为古所未备”，气运时机的开辟，智慧力量的触及，古代并未曾有，不能以古限今，这和李鸿章等当时的时代人物“千余年未有之大变局”认识上是有共鸣的。序中还说，道光、咸丰年间以来，门户既开，互通贸易，订立条约渐多，交往日益频繁，然而士大夫们在学术认识、时务议论上，也有极大的差别。熟悉外国事物的利害，通晓外国人情的变化，是为了引以为戒，他山之石可以攻玉也，可是为其所蒙蔽者沉溺于洋务西化，不知返本归宗，叛离了圣人王法，矫正之人则又闭塞耳目，顽固排斥外来的一切，这两种人都是各自迷惑于一端，并非所谓的明天地之际、通古今之变的通达有识之士。君子之道应该取人所长、为我所用，天地之蕴蓄、人间之智慧，采用不竭，要触类旁通，驾驭各种学术，统领世间万物，而又不失其根本。

应该说，只就文字识见来看，不能不说这是合乎中庸之道、开明务实的睿智，然而正如我们现在所说，“理想很丰满，现实很骨感”，书生意气，有救国济世之情怀，未必具运筹帷幄之能力，可以参谋议政，不见得能身体力行，更何况古人早就感悟到“尽人事，听天命”，社会现实之复杂，牵一发而动全身，绝非纸上谈兵激扬文字这般轻巧，古往今来，历史上多少可歌可泣的时代人物抱憾于此，而翻天覆地的近现代史上尤其不少，这当中便也包括陈三立。这一点，我们已经在上一章关于陈宝箴湖南新政戊戌变法部分见证了，历史用生硬残酷的事实告诉我们，研究、分析、走近、了解一个人物，一定要透过文献资料的字里行间，结合时代背景的前后变迁，才能获得鲜活、生动、具体、真实的感受和认知，教科书“贴标签”“骷髅架”式的东西，永远不可能带你进入历史本身的丰富世界。

相交黄遵宪

光绪二十年冬天，黄遵宪自欧洲回国，路过武昌，与陈三立首次会晤。陈三立此时对国家情势深有忧患，早就知道黄遵宪其人也是志在救国，故而一见如故，叹为知己，赋《赠黄公度》诗云：“千年治乱余今日，四海苍茫到异人。欲挈颓流还孔墨，可怜此意在埃尘。沉沉鼓角（一作“劳劳歌哭”）昏连晓，历历肝肠久更新。同依斜阳看雁去，天回地动一沾巾！”称赞黄遵宪为“异人”，对他回狂澜于既倒的苦心孤诣予以高度评价。次年四月，黄遵宪将其《人境庐诗草》寄给陈三立一阅，陈三立欣然作跋云：“驰域外之观，写心上之语，才思横逸，风格浑转，出其余枝，乃近大家，此之谓天下健者！”又有题识云：“奇篇巨制，类在此册，较前数卷自益有进。中国有异人，姑于诗事求之。”对黄遵宪能以纵横奔逸之才思，写出海外观感与真情，极为敬佩，赞为奇篇，称为异人。

光绪二十一年（1895）七月，由文廷式倡导，在京师成立强学会，目的在于改良政治，寻求治国之道。其时康有为也在上海创办强学会，张之洞首捐1500两黄金为开办经费，沪上诸人也有捐助者。九月，康有为租了张园举行开办仪式，规模恢宏，陈三立抵沪参与创办上海强学会，会晤康有为，应约在学堂前厅商议捐资与章程等事宜，其间见到了在上海设招商局的著名洋务派人士盛宣怀。十月，上海强学会正式成立，黄遵宪、陈三立同为该组织成员，不少名儒硕士如梁鼎芬、张謇、沈葆桢之子沈瑜庆、左宗棠之子左孝同，均加入了强学会，“遥相唱和，此诚中国非常之盛举也”。黄遵宪与陈三立再次相见，赋《上海喜晤陈伯严》诗云：“大地山河悲缺影，中年丝竹动欢心。横流何处安身好？从子商量抱膝吟。”表现出相见的欢悦与对陈三立的敬重，流露出神州陆沉、无处安身的深忧。

维新人生

随从父亲陈宝箴湖南新政维新变法期间，陈三立襄助其父，兴除利弊，排难解纷，不少谋划都出自他之手，极得父亲的信任，“三立一言，其父固信之笃也”。比如起初黄遵宪介绍康有为任时务学堂总教习，后来陈三立力荐其弟子、广东新会人梁启超，陈宝箴接受了他的建议，这事见载于其子陈寅恪追忆文字：

> 新会先生（梁启超）居长沙时，余随宦巡署，时方童稚，懵无知识。后游学归国，先君因言聘新会至长沙主讲时务学堂本末。先是嘉

应黄公度丈遵宪，力荐南海先生（康有为）于先祖，请聘其主讲时务学堂。先祖以此询之先君，先君对以曾见新会之文，其所论说，似胜于其师，不如舍康而聘梁。先祖许之。因聘新会至长沙。

陈三立除了是父亲陈宝箴事业上的得力助手，在合议处理一些家庭琐事上，也颇有见地。光绪二十二年（1896）四月和七月间，陈宝箴在长沙接连收到两封家书，来自他世居祖籍福建的堂弟，信中代表陈氏族人，满腔悲愤地向陈宝箴诉说了陈氏祖祠被当地豪族何姓乡民无故焚毁，因而引起纠纷的经过：一次是咸丰年间，乘土匪过境，何氏暗中放火，事过之后，托言为土匪所焚；一次就是前不久，何姓又一次借故挑起事端，仗着人多势众，明目张胆地烧毁了陈氏祖祠。这一次，陈氏家族怒不可遏，他们想到了同族的湖南巡抚陈宝箴，陈宝箴乃声名显赫的封疆大吏，以他的权势，报复何姓自然不费吹灰之力。陈宝箴收到家书的那一刻，勃然大怒，何姓欺人太甚，他决计要好好地教训一下这帮无法无天的家伙，为陈氏家族出一口恶气。当陈三立得知父亲的想法后，他耐心地劝说父亲对此事的处理要冷静慎重，不能意气用事、简单处置一时痛快，否则其结果将会后患无穷，陈氏家族后裔激于义愤，很有可能仗着官居巡抚的本家撑腰，对何姓一族实施各种野蛮报复，事情可能会越闹越大，怨仇可能会越结越深，这样，陈、何两族将会结成世仇，同居一村谁也无法安生，因而冤家宜解不宜结。陈三立说得句句在理，陈宝箴遂采纳了儿子的意见，对此事的处置采取了息事宁人的态度，在回信中，对堂弟的举措十分赞许："弟处置此事，始终尽诚尽理，有识有量，而不许族人报复一节，识见尤卓。"并进一步阐述了"人愈强横，我愈容忍，旁人自有公论"，主张对何姓“宽和处之，隐忍曲从，当行则行，可了即了”。从这里我们可以看出，陈宝箴在此事的处理上，显然是受到了儿子陈三立的影响，从而避免了一场未知的冲突。

陈三立对传统社会女子缠足习俗极为厌恶，他坚决支持谭嗣同设立不缠足会，在家中也坚决反对他的女儿裹足。当时他的夫人要给幼小的女儿康晦裹足，以为不如此长大后便找不到婆家，康晦抱着脚哭喊了两天，被陈三立发现了，这才得以解放，他的三个女儿后来都得以保全天然双足，在当时的官宦家庭中可算是开风气之先。另外，对妇女是按传统守节还是改嫁一事，陈三立也持开明态度，在与汪康年的一封信中，他写到现有奶妈的姐姐新近守寡，生存艰难无以自活，打算请求入节妇堂，请汪康年尽快设法救助她，并认为“此妇为程子‘饿死事小失节事大’语所害，情殊可悯”。这些见识，在晚清西方文化新学兴起兴盛之前，不能不说是超前的、进步的，极为难得。

第二节　戊戌政变后

“专制为祸之烈”的认识

戊戌政变之后，一声惊雷击碎了陈宝箴父子的强国富民梦，历尽千辛万苦点燃的一丝亮光，转眼间又被席卷而来的乌云吞噬了。“凭栏一片风云气，来作神州袖手人”，陈三立光绪二十一年（1895）春的这两句诗竟然一语成谶，如影随形般紧紧跟着他走完了后半生，此后的数次辞官不就，正是其“袖手神州”的自我体现。父亲陈宝箴猝逝后，自谓“苟活蒙愧耻”的陈三立，时时在诗中自称“孤儿”“痴儿”“闭门人”“伤心者”。

光绪二十六年（1900）二月，陈三立将仿宋刻《黄山谷集》（黄庭坚文集）刊印完成，完成了父子多年企盼的大事。当时义和团兴起于天津，烧教堂、杀外国人的事情时有发生，中外关系异常紧张。至五月，义和团在朝廷的默许下，扩张声势，进入北京。五月二十五日，慈禧太后以光绪皇帝的名义下诏与各国宣战，官军介入。此时南方长江一带戒严，谣言纷起，传说德国人索要下关炮台，英国人索要上海制造局，一时人心大震。春夏间，陈三立在南京、上海等地积极参与“东南自保”活动及庚子勤王复辟事。所谓“东南自保”，即是鉴于河北、北京城一带陷于战火，由东南各省宣布自立，互相联络，达到保障东南一方的目的；所谓勤王，即迎銮南下之计，迎慈禧太后与光绪帝南下江宁或武昌，然后迫使慈禧太后还政于光绪皇帝。六月十三日，为时局而焦虑的陈三立，在金陵致书随銮驾护卫的梁鼎芬，信中说梁鼎芬“忠愤识力犹曩日也”：

> 今危迫极矣，以一弱敌八强，纵而千古，横而万国，无此理势。若不投间抵隙，题外作文，度外举事，洞其症结，转其枢纽，但为按部就班、敷衍搪塞之计，形见势绌，必归沦胥，悔无及矣！窃疑方今国脉民命，实悬于刘（坤一）张（之洞）二督之举措。刘已矣，犹冀张唱而刘可和也。顾虑徘徊，稍纵即逝，独居深念，讵不谓然？且由张以劫刘，以冀起死于万一。精卫之填，杜鹃之血，尽于此纸，不复有云。

由此可见，陈三立认为“以一弱敌八强”，以清朝一弱国而同时树敌八国列强，无论是从千古以来的纵向历史来看，还是从万国林立的横向国际来看，都没有这种道理和情势，如果不借助八国之间的间隙和分歧另作打算，洞察问题症结之所在，扭转时机枢纽之所存，只是按部就班地敷衍搪塞，那必将形势恶化，一败涂地，后悔也来不及了。他分析当时的大局系于刘坤一、张之洞两位总督之举措，但指望刘坤一首先行动，恐怕极难，只有指望张之洞先倡议而刘坤一附和，方有希望挽救危难。

事态的发展并没有按照陈三立的构想进行，七月二十日，八国联军入京；二十一日，慈禧太后挟光绪帝出京逃往西安；二十七日，唐才常在汉口起事失败，“迎銮南下”、复辟勤王的计划化为泡影。陈三立后来追溯往事，认为义和团、八国联军之难完全是最高统治者的专制所造成的，“其专制为祸之烈，剖判以来，未尝有也”！由此他议论到西方民权制度，认为“非可高言于平世者也”，但是此后在中国，“转当萌芽其间，而并渐以维君权之敝”，应该说这一认识是深刻的，较之稍前父子维新时期的认知又有进步。当然，我们也要注意，陈三立毕竟还是没有像梁启超、谭嗣同以及晚生后辈那样全面认可民权学说，仍然只是“维君权之敝”，这是我们不必苛求于他的。

陈三立像

光绪二十七年（1901）冬至时分，陈三立抵达南昌西山，对周围乡村民众生活有了进一步的理解和同情，对时政时事也发出了冷峻的抨击。他看到农人懒惰，赌博游嬉，妇女放弃纺织，臂肘都露出衣外，垢虱满身，人们以荠菜为食，猪圈挨近了床笫，儿童不去学技艺，只知道在泥巴里玩耍。薄暮时分，一位邻村的老翁前来交谈，使他更加了解社会底层的悲惨情景。陈三立认为，民众有德、智、力，这是老天赐予的，善加引导，是国家图存的根本，富民重教，证之列强，验之古昔，莫不如此，统治者有了化育之权，却不去努力开发民生，坐令民众猪狗般生活着。如此下去，种族衰败，天道必定淘汰劣者！

他还作了《杂说》五篇，之一是反对国家治政在得人之说，认为重要的是建立法纪社会，而不是把希望寄托在一两个能人身上，否则难免混乱："亘古以来，治日少而乱日多，非不幸也，无常胜之原，无上下相维之具，贸贸然寄命于谁何之人，徒延颈跂踵，从而号呼之曰：'在知人，在得人。'人果易知而易得乎哉？安怪其治乱推移之势不出于此也。"这一见识，放在今天的中国，也并未失去其意义啊！之三、之四是两篇短小寓言。前者记述西山一只豺狼先后啮食行者、两小儿、一老妇人，可是族人畏豺，邻人认为吃的是别人家儿子和自己无关，里正认为豺狼出没不是他的过失，老儒认为豺乃神兽不可杀害，没有谁去想办法消灭豺狼，作者悲伤而又愤慨地指出，这样下去导致的后果，恐怕将是族人、邻人、里正、老儒统统被吃掉，讽刺了那些在外寇入侵时仍无动于衷，最终也将为外寇所害的人；后者记述一雇工不敢为主人家逐盗，只知为主人掘鼠捕虱，讽刺一些僚吏只能做点修修补补的事，而外寇入侵时，却不敢挺身而出，任由寇敌恣意妄为。之五记叙广东十女子结为姐妹，不肯再嫁，有一人嫁而其他人仰药自杀，慨叹习俗杀人，夺人天性。

这五篇《杂说》内容深刻，寓意深沉，充分体现了陈三立“身败名裂”“家破人亡”后对于国事人情的深入体悟，较之当年湖南新政时期的意气风发，可以说有了更进一步的提升。

学习日本和西方的教育

光绪二十七年秋天，在日本流亡了三年的文廷式返回国内，到了江宁，与陈三立相见，慷慨而谈。经历了一场戊戌政变，两人都惊叹于劫后幸存，并相邀同往莫愁湖寻觅抒发。自戊戌政变后，志同道合的黄遵宪告别陈宝箴父子，也返回故里，数年来，他与陈三立无法取得联系，对一些传闻将信将疑。为了打听陈家的消息，他颇费心思，直至光绪二十八年（1902）年底，才有了陈三立的零星消息和确切地址，便写信寄给陈三立。信中说：

> 别三年矣，今日乃得公消息，此真临别握手时梦想所不到之事也。戊戌九月，由沪回粤，闻公举家住庐山，乃由是邮局寄一缄于九江探询，想此函必付浮沉矣。函中无他言，但有寄粤信住址耳。山县僻陋，见闻稀阔。上年八月，于报中惊闻尊公老伯大人捐馆之耗，念苏子瞻祭司马公文有云“上为天下恸，下以哭其私”，抚膺悼心，不可言状！回忆丁、戊之间，公居母丧时光景，恨不得插翼飞去，一伸唁慰，然犹冀讹传也，久而知为确耗。尊公究得何病？别时于湘舟中洒泪满袖，云相见无时。弟视为甚易，何意闲云野鹤，竟不获再奉篮

舆也？！已安葬否？有葬齿诗传诵人口，系与太夫人合葬否？或言所卜墓在南昌山中，然否？生平奏疏公牍并手著诗文有定稿否？想一时未付刊刻也。公家今往何处？有恒产否？想未必能自赡给，岁需几何？能支持否？师曾操何业？赐复时望一一详之也！

信中说到起初黄遵宪写过一封信给陈宝箴父子，估计是没有收到，丢失无踪了，由于黄遵宪返乡后“山县僻陋，见闻稀阔”，从报上得知陈宝箴去世的消息，起初还希望是以讹传讹，久而久之才知道是确切的，至为悲痛。当年湖南船上挥泪而别，黄遵宪以为再见很容易，哪想到却成了永远的遗憾。信的末尾，一而再再而三地询问相关情况，包括陈宝箴的安葬、合葬、墓地、定稿，陈三立家的经济状况、岁需年用、大儿子陈师曾的学业等，关心关爱之情溢于言表、跃然纸上，令人深深地感受到真挚真切的知交厚谊！

值得关注的是，陈三立一向认为，教育乃立国之本，必须大力引进日本和西方新式教育的理念与方法。光绪二十七年移居南京不久，陈三立马上将略有中断的子女们的教育衔接了起来。当时，8岁的小女陈康晦、7岁的陈新午随同兄长一起进入家塾读书识字。陈家私塾虽不宽敞，先后执教的却不乏学界名流，比如据陈氏后人回忆，延聘的名师便有柳诒徵。每逢新聘塾师到来，陈三立必亲往拜会，并约定：第一，不施体罚打骂学生；第二，不让学生死背书。故此，兄妹数人的蒙馆生涯，“较之同龄辈，远为宽舒愉快，却能自觉攻研，日至精进”。陈家私塾男女同学、不体罚不死背的新鲜事，引起了远近亲朋好友的极大兴趣，纷纷要求将子弟放在陈家私塾寄读，其中有茅以升、茅以南兄弟。当时柳诒徵等人有感于科举制度的腐败，不可能富国图强，想办一所新型小学，苦于无校舍，与陈三立商量，陈三立极为赞成，慨允将自己寓庐后院的一处厅堂作教室，取名思益小学。学校采取新方法教育，课程除了经史子集，还有地理、算学、格致、体操，以及英文、化学、音乐、绘画等，并购置文体设备、教学仪器（如地球仪等），是南京新制小学之始。学校有操场，学生穿操衣（制服），两江总督端方曾到学校检查，见学生列队操演，行举手礼，甚为高兴，向每个学生赠送一套文房四宝。

还应指出的是，陈三立这一开明的教育思想和理念，对其子陈寅恪以后的成长成才极有裨益。陈寅恪自幼便对西方文化兼收并蓄，取西方自然科学、人文科学之长，补中国传统文化之短，这不仅大大拓展了他的视野，更为他日后学贯中西作了充分的准备。光绪二十八年春，从未出过洋的陈三立将学有根底的两个儿子陈衡恪和陈寅恪送至日本求学，也可以看出陈三立对子女接受新学教育的支持态度。

这一年，陈三立被聘为三江优级师范学堂总教习，一曰总稽查，有的记载称为总教席。三江师范学堂是张之洞接任两江总督后奏建的，校址在今东南大学，先后聘请过缪全荪、柳诒徵、刘师培等国学功底深厚的名家，还聘请了不少精通西学的日本人为师，属于当时洋务派兴办的教育事业。此年中秋过后，日本近代教育家嘉纳治五郎因考察中国学务来到南京，陈三立应邀出席宴集，作有《日本嘉纳治五郎以考察中国学务来江南，既宴集陆师学堂感而有赠》一首五言长诗。诗中痛切地检讨了近世中日甲午战争战败、八国联军入京的局面，都因教育之不振，认为近世学校日益昌盛，关键在如何改进教育方法，过去学校与书院的教育纷庞无章，已远离了圣人之学，茫茫学海，古法反倒成了陷阱，礼崩乐坏，空谈孔孟，好像汪洋大海中没有导航者，怎能培养出尧舜一般的圣贤，必须向外寻求借鉴；而日本与中国正是唇齿之邦，过去也是一濒危弱国，引进西方科教，才得以富强，其成功经验定能起死回生，救治中国的弊病，中日两国也只有互相学习，才能真正做到共同富强，在竞争中立于不败之地。这次日本教育专家来，说明他们也愿意向中国学习。嘉纳治五郎在日本创设了师范章程，办学有方，所以陈三立说“起死海外方，抚汝支那病”，鲜明地表达了他主张向西方及日本新式教育制度学习的意向。

另外，此次嘉纳治五郎与二三同行来华，自北而南，遍访王公大吏，又联袂翩然游学金陵城，他们几人衣冠整洁，嘉纳治五郎尤为雍容儒雅，在三江师范学堂和陆师学堂，仔细考察，反复提问，可是中方人员却无法应答，惭愧得头上汗涔涔的；对方通过考察，了解到中方教育的症结所在，提出纠正办法，语词诚恳，并未有嘲弄之意。陈三立由衷地敬佩他们才识的博学与精通，态度的认真与诚挚。当时中国进步知识分子都希望学习日本的先进方法特别是教育方法以救国富民，陈三立在这一点上亦是如此，所以后来他更主张要“携取大和魂，佐以万金药”，这都是与时俱进的真知灼见。

中西文化的比照

光绪二十九年（1903）冬天，陈三立在南昌西山夜读严复所译《群己权界论》，很佩服严复能将英人穆勒的卓异学说介绍到中国来，认为这一学说可以萌生新的道德观。中国传统道德中有一些糟粕，陈陈相因，世人的见识过于狭隘，一味偏好这些，就会因循守旧、疲惫苟安，乃至因此而束缚社会发展，有严复的雄笔翻译，必能开启民智，如日光照耀，如阳气发舒。几天内，他还读了张謇的《东游日记》，觉得张謇教育救国、实业救国的主张与他在日本考察所受到的启发是分不开的。

光绪三十年（1904）元旦，陈三立一连写了《感春五首》。第一首写春气渐回时的蛰居环境；第四首写感愤于当时爆发的日俄辽东大战，双方各动用了十多万兵力，从日军对俄攻势的猛烈可见，国不在大小，而在强弱，日军的胜利再一次震惊了中国人，要寻求中国的富强，必须学习日本的长处，实行全民皆兵、全民教育；第五首写哀悼其大妹。尤其值得重视的是第二首和第三首。第二首论中国的政治学说，指出国人历来尊崇孔教，但康有为主张将孔教定为国教，简直是将孔子劫为万世之师，不能公正评论，反而名实背违，他认为应该折中百家，万派灌输，以合“时中”之义，中国的思想学术界才有希望。第三首论中国的思想界，认为中国数千年来，民众松散如沙，最伤心的是民众道德，滋生了很多虚伪的东西。环顾全球各国都有宗教，以此修缮各类人的心灵，中国虽号称是孔孟之邦，但现在许多做法夹杂了道教学说以及佛教、伊斯兰教中的东西，与西方基督教产生的怨恨也越来越多。不得不说，这两首诗中所折射出来的理念，洵为宝贵，似乎也正预示着世纪之交的陈三立，对中学、西学、国内、国外的观察、认知、体悟愈加精湛、精微、精深。他虽然拖负此前旧时代清朝臣民的身躯，却俨然已超越此后新时期中华民国的心志，令人赞叹！

这年的清明期间，陈三立在南昌西山读完了严复所译的《社会通诠》，写诗题其后，感慨历史进化。几天后与文廷式相约会面，然后一道乘船返回江宁，船中读到文廷式所著杂记《纯常子枝语》，陈三立尤其欣赏其中关于宗教的论述，以为无人写得出，誉为奇作。五月，朝廷诏赦凡受戊戌变法牵连的官员开复原官，《光绪朝东华录》中载："光绪三十年五月丙戌谕：朕钦奉慈禧皇太后懿旨，本年七旬万寿，晶宜经降职施恩。京外臣民，无不均沾闿泽。因思从前获罪人员，除谋逆立会之康有为、梁启超、孙文三犯，实属罪大恶极，无可赦免外，其余戊戌案内各员，均著宽免其既往，予以自新，曾经革职者著开复原衔。"还有的奏折直接指明了陈宝箴、陈三立父子的名字，《都察院代递总检察厅丞王世琪等请开复已故湘抚陈宝箴原官呈》中载："迨光绪三十年四月二十日，经江西护理巡抚周浩奏请，将戊戌获咎案内之陈宝箴开复原衔，其子陈三立开复原官。"似乎是党禁消除，有了一些光明，然而经历了"身败名裂""家破人亡"后的陈三立，却不为所动，不肯出山，终其后半生不再做官。这也算是一种"刻骨铭心"的大彻大悟吧。

当时的中国知识分子纷纷到海外考察或留学，严复翻译的进化论、优胜劣败等学说开始在中国知识界广为传播，影响巨大。秋后，陈三立得知严复即将往游英国伦敦，有诗赠予严复，在诗中赞扬他是从数千年来的传统糟粕中最先觉醒的人，所译的著作辟开鸿蒙，启发民智，而今又将远涉重洋，再探奇术，反映了陈三立对西方思想急于了解，希望引进西方学说以改良国民素质的思想。十月二十七日，江西省选派120名学生东渡日本留学，陈三立的二子陈隆恪、三子陈寅恪便在其中，他亲自送他们到上海吴淞口，也可以说将自己身心所思、所想、所念、所牵挂，寄托到了两个儿子身上。

辛亥革命后的出处

宣统三年八月十九日（1911年10月10日），武昌革命军起义，辛亥革命爆发，陈三立的两个女儿在重病之中，此时此刻的他不得不对局势作出最坏的打算。一番犹豫观望之后，他终于痛下决心，携家避居上海。十月十七日，溥仪下诏准允臣民自由剪发，陈三立依然拖着辫子坦然穿梭于上海的街巷。有一天，陈三立有事来到张园，正在园内的一个革命军猛然发现此人脑后的“怪物”，立即上前拦住去路，硬要剪下陈三立的辫子。情急之下，陈三立大声呵斥道：“必致若于捕房，囚半年乃释！”或许是租界巡捕房的威慑发生了作用，身材瘦弱的陈三立居然凭着一声怒斥吓退了来势汹汹的年轻人，“其人逡巡逸去”。不过，陈三立的辫发最终没有陪伴着他走完后半生，现在已经很难考证他在什么时候剪下了那条备受瞩目的辫子。在光绪三十年（1904），陈三立的三个儿子陈衡恪、陈隆恪、陈寅恪就曾在日本东京拍摄了一幅没有辫子的合影，推测陈三立最终剪下辫子的原因，除了时代大势使然，极有可能同家人的劝谏有关。

辛亥革命爆发后，陈三立将清朝灭亡、民国兴起视为古曾未有之厄运，并后退一步，甘心认同清代遗民的身份。此身份既标志着政治立场又体现着文化立场，而在他，主要是文化立场。他担心维系中国数千年的传统文化随之灭绝，社会的变动正造成价值尺度的迷失，社会制度转型期的实力政治使得传统文化的适应性受到最严厉的检验。这一点，在后来他的三子陈寅恪身上，几乎有着相同的重复，一百年，两代人，就是这么风吹雨打花果飘零，奈何奈何！我们往往习惯于将这种现象称为“遗老遗少”，其实绝非这么简单，譬如后来王国维之死，以及梁漱溟父亲梁济，二人之表现，固然可以从历史时势宏观角度看，但又何尝不是家世家风之传承呢？

民国元年（1912）正月初九，陈三立极为赞赏的老友严复接管京师大学堂总监事务，拟将学堂分设中学部、西学部，使学生各精其业，而后谋中西贯通。严复打算聘请陈三立入京师大学堂任职，主持中学部，认为他躬行实践，“学问行谊，性情识度，令人低首下心”，“具新识”而“游于旧法之中，行检一无可议”，可见其同样对陈三立推崇备至。可惜陈三立始终坚拒，最后也就不了了之了。八月二十七日，孔教会在上海成立，“以昌明孔教、救济社会为宗旨”，陈三立和梁鼎芬、沈曾植等都是发起人。当时马相伯、章炳麟、严复、梁启超共同发起组织“函夏考文苑”，“函夏”一词出自《汉书·扬雄传》，指华夏中国，“函夏考文苑”仿效法国开设的研究院，目的是提倡学风，发起人之一的马相伯在所列名单后加注云：“说近妖妄者不列，故简去夏穗卿（夏曾佑）、廖季平（廖平）、康长素（康有为），王壬秋（王闿运）亦不取其经说。”持此标准，“函夏考文苑”各专门科的理想人选确定如下：沈家本（法）、杨守敬（金石、地理）、王闿运（文辞）、黄侃（小学、文辞）、钱夏（小学）、刘师培（群经）、陈汉章（群经、史）、陈庆年（礼）、华蘅芳（算）、屠寄（史）、孙於筠（佛）、王露（音乐）、陈三立（文辞）、李瑞清（美术）、沈曾植（目录）。从名单上来看，四位发起人颇有一种“天下英雄入吾彀中”的宏大气魄，陈三立以“文辞”得以入选，可谓对其这方面造诣的肯定。

陈三立一向被视为“同光体”诗派的代表人物之一，他寓居上海的数年间，在继续探讨诗歌艺术、展示“同光体”的艺术成就等方面，发挥了相当重要的作用。在陈三立看来，“读书”“养气”堪称学古时尤其需要培植的功夫，这和其父亲陈宝箴当年教导子侄时所说的“立志”“为学”有一脉相承的旨意。另外，陈三立在民国时期所作的古文，其议论往往以气节相昭示，慨叹知羞恶、有情操的人太少，所以他写到某些遗民时总是笔带感情，实际上他本人也正是力求成为这种特立独行之士的。对当时随新文化运动而兴起的白话文，陈三立是持反对态度的，他自信历来的诗歌不会失传，这一点，今日看来，“毕竟风吹雨打去”，不能说失传，却也“一去不复返”了，这不是陈三立当年所可以想象到的。结合起来看，特立独行、用古体文而不写白话文，这两点特质在后来其子陈寅恪身上也有充分表现，可以视之为家风的一种延续。

1922年除夕之夜，陈三立很挂念在美国留学的三子陈寅恪、在欧洲求学的四子陈登恪，有诗句云：“为忆二雏羁绝域，长饥谁挂杖头钱。”因为此年八月，三子陈寅恪的好友吴宓自美国回上海，特前来拜谒好友父亲，告知陈寅恪在美之情况。当时陈三立大为伤心叹气，说没有钱寄给陈寅恪，使其困居国外，故而有上述忧虑之语。其实陈寅恪在当时留学生中，经济状况还算不错的，《吴宓日记》中有记载，主要是他省吃俭用大量购书，才显得拮据，老人家爱子心切了。九月二十一日，赢得诗界泰斗地位的陈三立七十寿辰，远近友人康有为、郑孝胥等纷纷赠诗或联语及书画祝贺，如沈曾植说“诗句流传十洲遍”，林纾还特意画了一幅图并赋诗句云“不仕自然全晚节，得名何必过高轩”，座师陈宝琛也绘有一幅双干古松图。遗憾的是老友沈曾植在此次活动后不久便谢世了，噩耗传来，陈三立有诗哭悼之。

十月初，声名满华夏的梁启超应邀赴南京东南大学讲学。初三下午稍闲，梁启超约请欧阳渐一同前往拜访陈三立，两人25年未曾相会，此番再见，感慨不已。其间谈到当年戊戌变法时在湖南的旧事，也谈到反袁的英雄蔡锷，陈三立说："今其人往矣，不可复得。"更取酒来饮，微微有些醉意，话头又转到佛学，陈三立说读佛书可免艰苦，问梁启超所读佛书为何，梁启超说主要是读《梦游集》（明代高僧憨山所著），又谈到编杨文会文稿事。晚饭时，陈三立备有酒宴，特意用50年陈酒盛情款待，大开酒戒，相与痛饮，梁启超喝得大醉而归。直到次年一月，梁启超讲学期满，北行之前，特往陈三立寓所求诗，陈三立慨然应允，并认为日后梁启超必能潜心研学。

1923年，生命的悲喜无常再次摧残着陈氏一家。先是二月初八陈三立长子陈衡恪的幼儿陈封猷出生，六月十四日陈隆恪之女小从出生，然而盛暑时节，陈衡恪继母俞夫人病笃，六月二十九日病逝，享年五十有九。身体"素孱"的陈衡恪哀伤过度，加之守丧期间寒气所袭，竟于八月初七病卒，得年四十有八。陈衡恪是著名画家、中国现代美术理论的奠基人之一，清末民初的中国画坛，"北陈南李"的说法很是流行，"北陈"指的是陈衡恪，"南李"指的是李叔同，二人皆留学日本，都学的是绘画专业，回国后一个在北方，一个在南方，教授美术和从事美术创作。陈衡恪英年早逝，在文化艺术界引起很大震动，蔡元培在北京《晨报》上得知此噩耗，悲叹道："此人品性高洁，诗书画皆能表现特性，而画尤胜，有志修中国图画史，在现代画家中，可谓难得之才，竟不永年，惜哉！"十月十七日，北京文化界300多人在京城江西会馆举行追悼会，齐白石挽诗云“君我两个人，结交重相畏。君无我不进，我无君则退。我言君自知，九泉毋相昧”，道出了两位画家相知相亲的真挚情感。其时恰值日本东京大地震之后，故梁启超在挽词中称陈衡恪之死为中国文艺界的大地震。

年过七旬的陈三立，短短半年的时间内可谓悲喜交加，痛不欲生！三个女儿担心老父亲忧伤不利，“挟居杭之明圣湖上”。“忽忽不复有生之可乐者”、了无生意的陈三立寄寓西湖养病期间，印度诗哲泰戈尔曾于1924年3月登门拜晤，对语时由徐志摩口译，各道仰慕之忱。泰戈尔以印度诗坛代表的身份，将他自己的诗集赠给陈三立，希望陈三立也以中国诗坛代表的身份回赠他一部诗集。陈三立接受赠书后表示谢意，至为谦逊地连言不可相比：“您是一位世界闻名的大诗人，是足以代表贵国诗坛的，而我呢，不敢以中国之诗人代表自居。”终未相送。在旁的杨杏佛请两人合影留念。中、印两大诗人的这次会晤，也算是近现代史上的一段佳话，第二年《申报》推出“国庆纪念增刊”时，还曾刊登陈三立与泰戈尔之合照，题曰“今代亚洲二诗人合影”，配有二人手迹，并及长篇文章赞颂。

1931年9月18日，九一八事变爆发，正在庐山养病的陈三立辗转得到“日兵攻占沈阳凶耗”，“曾彻夜绕室不眠”。四个月后，烽火又起，“一·二八”淞沪抗战爆发，十九路军英勇抵抗，消息传来，陈三立为之“日夕不宁，于邮局定阅航空沪报，每日望报至，至则读，读竟则愀然若有深忧。一夕忽梦中狂呼杀日本人，全家惊醒，于是宿疾大作”。老人虽年届八旬，其爱国热忱仍如潮涌。同年三月，郑孝胥等人在日寇操纵下，扶植逊位的清室宣统帝溥仪在东北长春成立傀儡政权满洲国，陈三立对这个昔日诗友背弃民族大义的行径无比愤慨，他不徇私情，大义凛然，痛斥他“背叛中华，以清裔为傀儡而自图功利”。欧阳竟无说要大力劝阻郑孝胥，陈三立说：“你太不了解郑孝胥的为人了，他是一心一意要搞复辟的，借日本人武力推溥仪出来，是他求之不得的事，谁也劝他不转。郑会自食其果的。这样做，只能害了溥仪，使溥仪在中国无容身之地，他自己也将同归于尽的。”当陈三立的诗集重印时，他毅然删去了郑孝胥所作的序。

9月21日，陈三立八十大寿，家人与散居各地的亲朋好友纷纷前来祝贺，不少远地的诗人寄来诗文致庆，座师陈宝琛就是在这次所作诗中道出了陈三立一生风采的写照：“真源忠孝吾犹敬，余事诗文世所宗。”和历朝历代的大家族一样，忠孝传家，也是陈氏家族百年来的一条内在主线。

含恨而终

1933年8月，陈三立离开了居住四年的庐山，北上进京，头一站先到南京，暂寓次婿俞大维宅中。冬季来临时，“由六媳唐筼及二孙封怀陪同照料”，由南京乘火车北上，从此开始了人生旅途的最后一段行程。

1934年2月，座师陈宝琛的辞世令陈三立痛心不已：“公之薨，而盛德旧学、耆年高位、冠冕群伦者尽矣！”陈三立挽之以诗，挽之以联，继而又为其作墓志铭。实际上就在前一年寒冬，陈三立到达北平后便前往座师陈宝琛寓所拜年，行三跪九叩礼，徐一士《一士类稿》中说：“师年八十七，弟年八十二，皤然二老，聚首旧都，共话畴曩，盖欢然亦复黯然！”寥寥数语，却也勾勒出陈三立身上尊师重道的传统风范，令人眼前浮现二老师弟情谊的感人画面，不幸的是确实“欢然亦复黯然”，师生这一聚、这一拜，竟真成了一别之永别！

1936年，英国伦敦举行国际笔会，邀请中国代表参加，其时派代表二人，一个是胡适，代表新文学；一个是陈三立，代表旧文学。84岁的陈三立自然无法远涉重洋，与各国才俊共享荣光。据陈三立之孙陈封雄回忆，老人当年曾戏言：“南京寄来过一个什么通知，我不懂，已经丢掉了，不必理它。”

1937年2月，陈三立在北平参加康有为逝世十周年纪念大会。春夏，85岁高龄的陈三立“尚能食、能行，宿疾七十日不作，屡欲游山，家人止之”。5月23日，子陈寅恪第三女陈美延出生，不久后，卢沟桥事变爆发，忧心忡忡的陈三立随即卧病不起，日益憔悴。城外的局势一发不可收拾，胡同内外风声鹤唳之词不绝于耳，老人抱有中国必胜之信心，苦苦支撑，时时“以战讯为问”，盼望着奇迹的出现。“有谓中国终非日本敌，必被征服者”，陈三立“愤然斥之曰：‘中国人岂狗彘不若，终将帖然任人屠割耶？！’背不与语”。然而奇迹终究没有出现，日寇的铁蹄最终踏进了北平，津沽随后沦陷。故都既陷，群丑以陈三立声望可用，围逼无虚日，老人旧疾骤作，本已苦痛难堪，怒骂撑拒，中心抑郁，索性拒药绝食，9月14日，“寿终平寓正寝”，“弥留时犹问外传马厂之捷确否”。由于当时战事造成的交通阻滞，无法将灵柩南运，只好暂厝于长椿寺中，棺外用沙袋堆围，直到十一年后抗战胜利，1948年夏，幸好次婿俞大维时任交通部长，获乘船用车之便，陈三立灵柩才被后人从天津登海轮运经上海，再改用汽车转至杭州西湖牌坊山安葬。途经上海招商码头时，沪上知交张元济等人纷纷前往迎祭，各寄哀思。

汪荣祖在《史家陈寅恪》一书中评价说：“三立死于七七事变那年，据说是绝食自杀，以抗议日本的侵略中国。自杀自有可能，因在他之前有梁巨川和王国维之死，但三立之死更象征老一代的凋零，随风而逝，永不会再有如此人物。”陈三立的家乡怀念这位诗界尊宿，特别是其晚年誓不降寇、绝食殉国的高尚气节，更赢得人们无比景仰。抗战时江西参政会编的《江西文献》辟有纪念陈三立诗词专栏，当时有赣省耆老提议拟请国民政府予以褒扬之典。1947年江西省政府议决接迎陈三立棺柩归葬故土，但未成。陈三立生前曾有挽联哀悼继妻俞明诗：“一生一死，天使残年枯涕泪；何聚何散，誓将同穴保湖山。”20余年后，生死长相依的夙愿才得以了却！

陈三立归葬西湖刚满一年，中国一场翻天覆地的变革又使得陈氏家族命运充满了新的变数。从此，陈氏后裔在肩负着延续家族家风重任的同时，还必须在无奈和悲壮中被迫去完成新的更大的使命！

第四章

陈寅恪：史苑宗师，道德学问真风骨

说起百年陈氏家族史，大约陈寅恪算是最具有现代性、国际性影响的了，相比较祖父陈宝箴的政界、父亲陈三立的文坛，陈寅恪的史苑精神，更堪称是“惊天地，泣鬼神”！

第一节　留学东洋西洋

光绪十六年（1890）五月十七日，陈寅恪生于湖南长沙，因为生于寅年，祖母名之曰寅恪，后以名行。其弟子蒋天枢曾经请教过老师的字，陈寅恪告诉他："记得之前听闻过，我出生的时候正好有个老人从熊鹤村前来，先祖打算用'鹤寿'作我的字，但是这个字未曾使用过。"

童年的陈寅恪，因为祖父陈宝箴与父亲陈三立随政界官场调动，和兄弟姊妹跟随父母在长沙、武昌读书玩耍，度过了无忧无虑、自由快乐的美好时光。光绪二十六年（1900），陈寅恪11岁，这年的6月26日，祖父陈宝箴去世。两年后，光绪二十八年（1902），13岁的陈寅恪随长兄陈衡恪到上海，东渡日本留学。在上海还遇到教士李提摩太，李提摩太用中文跟他们说："君等世家子弟，能东游，甚善！"这可谓对他们兄弟二人的一种勉励了。光绪三十年（1904）夏天，15岁的陈寅恪假期返回南京，回国后，和兄长陈隆恪一同考取官费留日生。初冬，两人去日本留学。光绪三十二年（1906），17岁的陈寅恪因病回国在家疗养，两位兄长陈衡恪、陈隆恪仍在日本。光绪三十三年（1907），18岁的陈寅恪插班考入上海复旦公学（高中程度），暑假期间回南京，两位兄长陈衡恪、陈隆恪也从日本回国。宣统元年（1909），20岁的陈寅恪复旦公学毕业，秋，亲友资助经由上海赴德国，考入柏林大学，从此开始了中西方历史文化研究的漫长生涯。

宣统二年（1910），21岁的陈寅恪在德国柏林大学读书，秋有《庚戌柏林重九作时闻日本合并朝鲜》诗，结句云："兴亡今古郁孤怀，一放悲歌仰天吼！"可见其心系家国天下，思虑深沉。宣统三年（1911）春，22岁的陈寅恪脚气旧病复发，于是转地疗养，北游挪威二旬而愈，秋至瑞士，入瑞士苏黎世大学。民国元年（1912）春，陈寅恪自瑞士暂时回国，居上海，在家与侄儿陈封怀同住一室，暇则偕同出游。陈封怀《回忆录》云："最初和六叔接近，是在我十三四岁的时候，那时我家由南京迁往上海，我和他同住一个房间。当时他正由欧洲回国，由于他不善讲上海话，所以每当他想出去，或者办什么事，总要拉我同去，让我给他当导游兼翻译。"

1913年春，24岁的陈寅恪在巴黎大学读书，冬至伦敦。1915年春，26岁的陈寅恪曾至北京短期担任过经界局局长蔡锷的秘书。秋，为江西教育司阅留德学生考卷，"连阅考卷三年。其间曾病痢疾甚重，因当时缺乏医药，几死。更因看卷时间久，又患神经衰弱、失眠并肠胃不消化等病。回家休养，同时自修"。1917年，28岁的陈寅恪以所读原版《莎士比亚集》赠送侄儿陈封怀，勉励他读书南京金陵大学农学院（后转学东南大学农学院）。陈封怀《回忆录》云："第二次和六叔在一起是在南京。他刚从湖南长沙回来。那时，我正在金陵大学农学院就读，他送了我一册原文本的《莎士比亚集》，据说是他以前在英国读过的。里面每个剧本后面都写有他的评语（是用文言文写的），在那时，我们叔侄二人经常谈论欧洲各国的历史及文学等。他在欧洲，特别是对英、德、法语言文字艺术，有了深入的理解。他在这三个国家得了三个学士学位。"

1918年11月，陈寅恪经由上海本拟重赴德国，因第一次世界大战尚未完全结束，遂先赴美国。1919年，而立之年的陈寅恪入哈佛大学学梵文、巴利文、希腊文等。在美国，陈寅恪认识了一生挚交吴宓，吴宓自编年谱中说："一九一九年一月底二月初，陈寅恪君由欧洲来到美国。由俞大维君介见。以后宓恒往访，聆其谈述。则寅恪不但学问渊博，且深悉中西政治、社会之内幕，述说至为详切。"同年，据《吴宓日记》可对陈寅恪当时情况略知一二。比如《吴宓日记》6月30日："陈君寅恪云：'学德不如人，此实吾之大耻；娶妻不如人，又何耻之有？'又云：'娶妻仅生涯中之一事，小之又小者耳。轻描淡写，得便了之可也。不志于学志之大，而兢兢惟求得美妻，是谓愚谬。今之留学生，其立言行事，皆动失其平者也。'"这就足以解释为什么后来他年近不惑才娶妻成家，惹得老父亲大为光火。又如《吴宓日记》8月18日："哈佛中国学生，读书最多者，当推陈君寅恪及其表弟俞君大维。两君读书多，而购书亦多。到此不及半载，而新购之书籍，已充橱盈笥，得数百卷。陈君及梅君（梅光迪），皆屡劝宓购书，回国之后，西文书籍杳乎难得，非自购不可，而此时不零星随机购置，则将来恐亦无力及此。故宓决以每月膳宿杂费之余资，并节省所得者，不多为无益之事，而专用于购书。先购最精要之籍，以次类及，自本月起，即实行焉。”这里可见陈寅恪购书之多，亦影响吴宓加入进来。至于他与吴宓聊叙时的读书治学体会，关于经史之源流派别、西洋各国中法国人与中国人习性为最相近、美国人则与中国人相去最远、西洋最与中国相类似者当首推古罗马等，俱见《吴宓日记》，此处从略。上述有些观点，在他以后的论著及讲说中，颇有阐发，非常值得我们注意。

1921年9月，32岁的陈寅恪离开美国，重赴德国，进柏林大学研究院，研究梵文及其他东方古文字学等。指导其系统学习整整两学年的哈佛大学卓有名气的东方学学者蓝曼先生，对陈寅恪非常赏识，本年2月17日给当时担任哈佛大学校长的罗威尔写信谈论自己关于为中国的未来培养领导者的想法，其中这样称赞：

> 我目前有两名格外优秀的学生——来自上海的陈，以及来自“北都”（或者大家所知的北京）的汤用彤。他们对我十分有启发，我衷心希望我们能有更多这样精神高尚而且抱负不凡的人——来充实我们本国的大批学生。我深信，他们二人将会引领未来之发展，并对中国的前途产生影响。

6月5日，蓝曼给中国留学生监督严恩槱写信告知陈寅恪学习情况时，更毫不吝啬地表达他的美好期望说：

> 哈佛大学的陈寅恪先生让我告诉您他跟我学习的情况。我十分乐于接受这样一份愉快的任务。陈先生是在1919年9月参与到我的课程中来的，自那以后还选修了我的梵文和巴利文课程。我们一起研读了许多婆罗门著作，今年还从佛教的巴利文典籍中选读了大量材料。

他有着高超的智慧（与他的同学汤用彤一样），这将为他的祖国——中国赢得荣誉。一直以来，他的认真、诚恳和恒心都值得特别褒扬。他不在乎我们学生的学位，在这一点上我很欣赏他。这方面的差异可以反映出他有着更为崇高的理想。我完全相信，当他回到中国以后，他将于你们的国家大有裨益。他的观点十分公允，对美国和中国的事情都没有偏见。

随信附寄我在美国东方学会的主席演讲。在227—228页，我曾提到过1400多年前从中国前往印度的著名取经者。我时常希望我现在为来自远东的学生所做的事情，也可能（小规模地）成为你们勇敢的取经者事业的一种延续。陈先生掌握的梵文和巴利文知识将会给予他一种不同寻常的能力，让他在20世纪得以继续卓越的法显（Fa Hien）在5世纪时曾经做过的事情。我深信他是一个真正的爱国者，必将忠实地将所学知识造福于他的祖国。我毫无保留地、由衷地向您推荐我的学生和朋友——陈寅恪先生。

如此慧眼识珠、厚爱提携的恩师，陈寅恪自然也是感念不已，他在8月16日留给导师的道别信中恋恋不舍地说道：

我非常遗憾将要离开您。您在过去两年时间里给予我的关怀将令我终生难忘。您不仅是一名世界级的伟大学者，而且也是一位具有高尚道德品格的人。能够成为像您这样的人的学生，我一直感到骄傲……在我离开这个国家之前，没办法再与您见面，但我希望可以与您始终保持通信。我现在得向您和蓝曼夫人道声再见，祝愿你们享有健康。

另外，俞大维《怀念陈寅恪先生》一文，也可以考见陈寅恪早年在国外的治学情况，譬如关于国学方面他常说“读书必先识字”，对于《说文》与高邮王念孙、王引之父子训诂之学，曾用过一番苦功；他研究的重点是历史，目的是在历史中寻求历史的教训，“在史中求史识”，因此中国历代兴亡的原因，中国与边疆民族的关系，历代典章制度的嬗变，社会风俗、国计民生与一般经济变动的互为因果，以及中国的文化能存在这么久远原因何在，这些都是他研究的题目。他对“十三经”大部分能背诵，《皇清经解》及《续皇清经解》成了他经常读的书。又如陈寅恪不喜欢玄学，在子书方面除有关典章制度外，他很少提及，但他很喜欢《庄子》，也很重视《荀子》，这可能是他受了清儒汪中的影响。凡集部之书，包含典章制度，他都特别注意。对文，最推崇欧阳修、韩愈、王安石、归有光诸大家；对诗，佩服陶渊明和杜甫，虽然喜好李白及李商隐诗，但不认为是上品，他特别喜欢平民化的诗，故最推崇白居易；关于词，除宋人词外，清代词人中，他常提到龚自珍、朱祖谋及王国维三位先生，可以说，词不是他特别的嗜好。再如他的梵文和巴利文都特精，但他的兴趣是研究佛教对我国一般社会和思想的一般影响，至于印度的因明学及辩证学，他的兴趣就比较淡薄了。他常说，他研究中西一般的关系，尤其于文化的交流、佛学的传播及中亚史地，深受西洋学者的影响，例如法国的伯希和以及德国、俄国等国的学者，但他究竟因为国学基础深厚，国史精熟，又知择善而从，故其见解，每为国内外学人所推重。其他边疆及西域文字，陈寅恪在中国学人中是首屈一指的。除梵文外，他曾学过蒙古文、藏文、满文、波斯文及土耳其文，他平生的志愿是写成一部“中国通史”及“中国历史的教训”，在史中求史识。令人痛惜的是他晚年的遭遇，加之双目失明，他的大作未能完成，这不但是他个人的悲剧，也是这个时代的悲剧！俞大维先生这篇文章中所道出的陈寅恪所学、所好、所创获、所遗憾，值得我们在研究陈寅恪学术思想时用心品读，除亲切地引导我们走入陈寅恪的个人世界外，更有读罢兴叹掩卷而思的难言苦楚，这一点，学术界同人自然心知肚明，此处不赘。

1923年，34岁的陈寅恪仍在德国柏林大学研究院研究梵文、巴利文、藏文等。当时毛子水也在柏林，其《记陈寅恪先生》文云：“我于民国十二年二月到德国柏林。那年的夏天，傅孟真（傅斯年）也从英国来柏林。我见到他时，他便告诉我：在柏林有两位中国留学生是我国最有希望的读书种子：一是陈寅恪；一是俞大维。后来我认识这两位，大概也是由孟真介绍的。赵元任夫妇游柏林时，寅恪也还在柏林。寅恪、元任、大维、孟真，都是我生平在学问上最心服的朋友；在国外能晤言一室，自是至乐！”可见陈寅恪在当时的学术造诣，已经有了不凡的名声和口碑。这一年，据石泉《追忆先师寅恪先生》所述，还发生过一件趣事：

> 陈师曾谈到二十年代留学德国时遇到的一件趣事：“有一天晚上在一家华侨开的饭馆里，我无意中和周恩来还有曹谷冰等三人相遇，同在一桌吃饭，由于政见不同，彼此争论起来。周恩来很雄辩，曹等三人都说不过他，恼羞成怒，动手就打，竟同时连我一起打，我们一同退入老板娘的住房，从里面锁上门，直到曹等走后才出来。”陈师笑着说：“没想到他们竟把我也当作了共产党。其实我那天什么也没有讲，只是听他们辩论。”

另外，当时国内局势动荡，江西省教育厅官费时常停寄，此后一两年间，陈寅恪在德国生活至为艰苦。据其女儿陈美延追记：“父亲在德留学期间，官费停寄，经济来源断绝，父亲仍坚持学习。每天一早买少量最便宜面包，即去图书馆度过一天，常常整日没正式进餐。日子一长，营养太差，加以学习繁重，终于大病，回国休养。”更可悲的是，这一年夏天其母亲、长兄在两个月之内相继离世，不过家中大概并没有即刻告知远在国外的陈寅恪。

1924年，赵元任任教美国哈佛大学，继而应国内清华国学研究院之聘，乃商请陈寅恪继任哈佛教职。陈寅恪回信说：“我不想再到哈佛。我对美国留恋的只是波士顿中国饭馆醉香楼的龙虾。”因为陈寅恪曾经在波士顿中国饭馆醉香楼请他们吃过饭，是吴宓称之为“公子风范”的一次请客，所以这句话既是玩笑，也表达了其不欲前往的意思。

第二节　抗战之前

清华国学研究院四大导师

1925年春，北京清华学校创办国学研究院以及大学部，于全国各地招考研究院第一届新生38名（原定额40名，有因体格检查未能入学者），同时办理大学部文、理、法、工、农各院系招生事宜。36岁的陈寅恪因吴宓介绍与个人努力，受聘为国学研究院教授（当时研究院教授皆称导师），由德国归国，回来后以父病请假一年，于1926年开始就职。《吴宓日记》4月27日记道："陈寅恪覆信来。（一）须多购书；（二）家务，不即就聘。介绍陈来，费尽气力，而犹迟疑，难哉！"可见其中机缘之不易。

当倡议创办国学研究院之初，胡适推荐海宁王国维主持，经辗转洽商，王国维才接受清华聘请，但是不肯任院长职务，改由外文系教授吴宓兼任研究院主任，同时聘请梁启超、赵元任担任国学研究院教授，李济为专任讲师。蓝文徵《清华国学研究院始末》一文引李济先生语："民国十四年为清华学堂开办国学研究院的第一年，这在中国教育界可以说是一件创举。国学研究院的基本观念，是想用现代的科学方法整理国故。故清华为研究院所请的第一批教授（实称导师）有王国维、梁启超及陈寅恪、赵元任诸先生，我是受聘去作讲师的一人。那时华北的学术界的确是很活跃，不但纯粹的近代科学如生物学、地质学、医学等均有积极的研究工作表现，就是以科学方法整理国故为号召，也得到社会上热烈支持。"9月28日，研究院开学，我国近现代学术史上成就一时佳话并为现当代学术界培养了些许国学传统文化研究后进的清华国学院，就此正式闪亮登场。

清华国学研究院的办学理念，充分体现了博大的"和而不同"、学贯中西、洋为中用的追求，当时的研究院主任吴宓在《清华开办研究院之旨趣及经过》的致辞中，结合曹云祥校长《西方文化与中国前途之关系》等意见，对这一追求作了如下阐述：

> （一）值兹新旧递嬗之际，国人对西方文化，宜有精深之研究，然后可以选择适当，融化无碍；（二）中国固有文化之各方面（如政治、经济、哲理学），须有通彻之了解，然后今日国计民生，种种重要问题，方可迎刃而解，措置咸宜；（三）为达上言之二目的，必须有高深学术机关，为大学毕业及学问已有根柢者进修之地，且不必远赴欧美，多耗资财，所学且与国情隔阂，此即本校设立研究院之初意。总之，研究院所具之目的及效用，非可期之于寻常之普通专门教育者。
>
> 国学之在今日，尤为重要，一切已详具于《研究院缘起》，盖以"中国经籍，自汉迄今，注释略具，然因材料之未备与方法之未密，

> 不能不有待于后人之补正；又近世所出古代史料，至为伙赜，亦尚待会通细密之研究。其他人事方面，如历代生活之情况，言语之变迁，风俗之沿革，道德、政治、宗教、学艺之盛衰；自然方面，如川河之迁徙，动植物名实之繁赜，前人虽有记录，无不需专门分类之研究”，而“此种事业，终非个人及寻常学校之人力所能成就”。故今即开办研究院，而专修国学。惟兹所谓国学者，乃指中国学术文化之全体而言，而研究之道，尤注重正确精密之方法，并取材于欧美学者研究东方语言及中国文化之成绩，此又本校研究院之异于国内之研究国学者也。

上述宗旨和见识，即便在21世纪的当下，也堪称高屋建瓴、苦心孤诣。一言以蔽之，就是要培养对于中外文化有精深研究的、有社会责任的、有人文关怀的高级人才。应该说，这一办学理念，是契合中国近代学术转型期的特点的。当时，中国自洋务运动、戊戌维新以来，西学东渐的激流已冲决了古老的、传统的学术大门，因而伴随着中国社会的现代转型，学术亦不例外，其实质就是要走开放式的、站在国学基础上瞭望世界文明的办学路径。故而循着这一路径，清华国学研究院的教学大纲由王国维起草，采取旧中国的书院制和英国牛津大学的导师制相结合的教学方式。

王国维之死

1926年3月，因对清华国学研究院的发展方向与教务长张彭春等意见不合，吴宓以“宗旨无定，计划难行”，在向校务会议提出《研究院发展计划书》的同时，向校长提出辞去国学研究院主任职务，曹云祥校长兼理了一个多月，后由新任教务长梅贻琦兼管。7月7日，37岁的陈寅恪至北京，任清华学校国学研究院教授。次日入住工字厅之西客厅，与吴宓为邻，去年已移家清华园的王国维，与陈寅恪志趣契合，经常来工字厅共话旧事。

暑假后开课，陈寅恪先生讲授佛经翻译文学，王国维任经史小学导师，讲授古史新证、《尚书》、《仪礼》、《说文》等课。梁启超因病，讲课多由学生笔录，赵元任讲授语言学、苏州方言调查等，李济讲授人类学、考古学等，至此，“新同学及留院继续研究的同学，共有五十余人，院中充满蓬勃气象”（蓝文徵《清华国学研究院始末》）。赵元任《忆寅恪》中说：“第二年到了清华，四个研究教授当中除了梁任公注意政治方面一点，其他王静安、寅恪跟我都喜欢搞音韵训诂之类问题。寅恪总说你不把基本的材料弄清楚了，就急着要论微言大义，所得的结论还是不可靠的。”关于此时陈寅恪先生的学识风采，我们不妨通过陈哲三《陈寅恪先生轶事及其著作》（记蓝文徵先生语）中的两段文字来感受一下：

> 陈先生演讲，同学显得程度很不够。他所会业已死了的文字，拉丁文不必讲，如梵文、巴利文、满文、蒙古文、藏文、突厥文、西夏文及中波斯文非常之多，至于英、法、德、俄、日、希腊诸国文更不用说，甚至于连匈牙利的马札儿文也懂。上课时我们常常听不懂，他一写，哦！才知道那是德文，那是俄文，那是梵文，但要问其音叩其义方始完全了解。吴宓、朱自清都常来听讲。他的书房中各国各类书都有，处处是书，我们进去要先搬搬挪挪才能坐下。
>
> 平日讲书，字字是精金美玉，听讲之际，自恨自己语文修养太

> 差，不配当他学生。每到他家，身上总带几本小册子，佣人送上茶果，有时先生也教我们喝葡萄酒，我们便问其来历，他于是把葡萄酒原产何处，原名什么，最早出现何处，何时又传到何处，一变成为何名，如此这般，从各国文字演变之迹，看它传播之路径。这些话我们都记在小册子里。

姜亮夫先生的《忆清华国学研究院》也对陈寅恪先生广博深邃的学问、研究特点与方法、勤奋读书、言传身教等有详述，读者可以找来参阅。当时研究院自有购书专款，院中采购外文书及佛藏等，均由陈寅恪审定，采购中文书籍，均由王国维审定。研究生入院领取“研究生证”办理各项手续后，先就所研究项目分别规定由某位导师指导，如次年另换题目，或由别位导师指导。梁启超接见学生，都在研究院办公室，其他导师则多在家中。1949年后陈寅恪在中山大学任教，学生到他家中客厅、书房、阳台上课，此情此景我们依然可以通过现存的一些照片窥见。

本年9月，梁启超早年在湖南长沙的弟子杨树达来清华大学部中文系任教。10月29日，王国维五十初度，及门弟子均致祝贺，谁也不曾想到，第二年夏天的五月初三，一代宗师居然会自沉于颐和园排云殿前的昆明湖中，终年51岁。姜亮夫的《忆清华国学研究院》中记述众人告别王国维情景云：“告别会上有两件事我一辈子不能忘：一件是我们二十几同学行鞠躬礼，但陈寅恪先生来后他行三跪九叩大礼。我们当时深感情义深浅在一举一动中可见；第二件事是我们一些同学中有少部分人装假，有两人在灵堂大哭，但干哭无泪，像猫狸叫。”也正是因为这“情义深浅”吧（《吴宓日记》亦可为证：“宓随同陈寅恪行跪拜礼，学生等亦踵效之”），所以王国维在投湖自杀前留下遗言“书籍可托陈、吴二先生处理”，将生前最珍爱之物托付给陈寅恪、吴宓两位先生，足见其对两位生前好友的信任与倚重；关于王国维之死，赵万里所编年谱虽然有述，但众说纷纭（殉清说、殉纲纪文化说、北伐军声势说、农民运动恐惧说、罗振玉逼死说、家庭之变说等），真相难明，而陈寅恪先生在王国维逝世后，作七律一首挽之，继又作《王观堂先生挽词》，前冠长序，言王国维所以死之故，所谓“为中国文化而死”说乃获得了后人较多的赞赏。序中曰：

或问观堂先生所以死之故，应之曰：近人有东西文化之说，其区域分划之当否固不必论，即所谓异同优劣亦姑不具言，然而可以得一假定之义焉。其义曰：凡一种文化，值其衰落之时，为此文化所化之人，必感苦痛。其表现此文化之程量愈宏，则其所受之苦痛亦愈甚。迨既达极深之度，殆非出于自杀无以求一己之心安而义尽也。吾中国文化之定义，具于《白虎通》三纲六纪之说，其意义为抽象理想最高之境，犹希腊柏拉图所谓idea（理念）者。若以君臣之纲言之，君为李煜，亦期之以刘秀；以朋友之纪言之，友为郦寄，亦待之鲍叔。其所殉之道，所成之仁，均为抽象理想之通性，而非具体之一人一事。夫纲纪本理想抽象之物，然不能不有所依托，以为具体表现之用。其所依托表现者，实为有形之社会制度，而经济制度尤其最要者。故所依托者不变易，则依托者亦得因以保存。吾国古来亦尝有悖三纲、违六纪、无父无君之说，如释迦牟尼外来之教者矣。然佛教流传播衍盛昌于中土，而中土历史遗留纲纪之说，曾不因之以动摇者，其说所依托之社会经济制度未尝根本变迁，故犹能借之以为寄命之地也。近数十年来，自道光之季，迄乎今日，社会经济之制度，以外族之侵迫，致剧疾之变迁；纲纪之说，无所凭依，不待外来学说之掊击，而已销沉沦丧于不知觉之间；虽有人焉，强聒而力持，亦终归于不可救疗之局。盖今日之赤县神州，值数千年未有之巨劫奇变；劫竟变穷，则经文化精神所凝聚之人，安得不与之共命运而同尽，此观堂先生所以不得不死，遂为天下后世所极哀而深惜者也！至于流俗恩怨荣辱委琐龌龊之说，皆不足置辩，故亦不之及云。

序文言简意赅，高屋建瓴，除了阐发人与文化之关系，更指出“所依托者不变易，则依托者亦得因以保存”中社会经济制度变迁的决定性影响。回顾百余年来至今的中国近现代史，我们不得不说陈寅恪先生历史智慧的深刻！卞僧慧所撰《陈寅恪先生年谱长编（初稿）》于此下按曰：“1985年1月宁夏人民出版社出版第二次印行《史学概论》论及先生时，谓‘他所指民族文化，包罗甚广，他一生所有的著作都不出于这四个字以外，但绝口不谈经济基础在历史上的作用’（第320页）。其实，先生不仅在此处已有如此之确切说明，而且中岁论史，如言唐亡原因，亦涉及此；对经济‘在历史上的作用’，并未‘绝口不谈’。”所言是也。陈寅恪先生又有挽联云：“十七年家国久魂销，犹余剩水残山，留与垒臣供一死；五千卷牙签新手触，待检玄文奇字，谬承遗命倍伤神。”也把王国维之死和清亡以来的“十七年家国”“剩水残山”关联在一起，同时点出王国维在甲骨文、古史新证方面的“玄文奇字”成就。

1927年6月，梁启超拟聘章太炎继任王国维之职，未果。据蓝文徵《清华大学国学研究院始末》载，陈寅恪先生为发展研究院计，请校方聘章太炎、罗振玉、陈垣三人为导师，马衡为特别讲师，“校方一一致聘。章、罗均不就，陈氏自以‘不足继梁、王二先生后’为词，再三恳辞”，最后马衡、林志钧被增聘为研究院讲师，讲授金石学、哲学。不过，戴家祥在写给蒋天枢的信中则认为，蓝文徵所记失实，信中详述梁启超致函陈寅恪拟聘章太炎事，梁启超、陈寅恪与罗振玉之间的个人好恶，陈寅恪对陈垣的佩服等，则其中细节还需要进一步研究确定。当时的陈寅恪教学虽在佛经与中国史方面，然仍留意古籍及中国文字之学，曾令学生戴家祥移录马衡所校孙诒让《名原》于藏本上。

1928年，陈寅恪由工字厅迁居南院二号，与赵元任比邻，当时北平大学北大学院（北京大学）院长陈大齐聘陈寅恪前往兼任“佛经翻译文学”课，秋季开学后，改授“蒙古源流研究”。此后，因体弱不再到北大兼课，北大同学只好到清华听课。6月，梁启超辞去研究院一切职务，回天津养病。7月17日，陈寅恪与清末署理台湾巡抚唐景崧孙女唐筼在沪结婚。

“独立之思想，自由之精神”

1929年4月16日，陈寅恪长女流求生于北京协和医院。9月，好友吴宓决心改变生活，与妻子陈心一女士离婚，长辈们反对，知交也多不赞同，汤用彤谓“离婚之事，万不可行，且必痛苦”。陈寅恪的态度是，早在去年11月27日，吴宓初次相告时即警诫：对过去“无论如何错误失悔，对于正式之妻，不能脱离背弃或丝毫蔑视。应严持道德，悬崖勒马，勿存他想”，又谓“此时已堕情网，遂致盲目，感情所激，理性全无。他日回思，所见必异”，并多次规劝。但吴宓决心已下，坚持采取行动，陈寅恪最终尊重其个人决定。

这年，研究院同学为王国维立纪念碑于校园内工字厅偏东位置，请陈寅恪作《王观堂先生纪念碑铭》，著名的“独立之思想，自由之精神”两句话正是出自此处。铭曰：

> 海宁王静安先生自沉后二年，清华研究院同仁咸怀思不能自已。其弟子受先生之陶冶煦育者有年，尤思有以永其念。佥曰，宜铭之贞珉，以昭示于无竟。因以刻石之词命寅恪，数辞不获已，谨举先生之志事，以普告天下后世。其词曰：士之读书治学，盖将以脱心志于俗谛之桎梏，真理因得以发扬。思想而不自由，毋宁死耳。斯古今仁圣同殉之精义，夫岂庸鄙之敢望。先生以一死见其独立自由之意志，非所论于一人之恩怨，一姓之兴亡。呜呼！树兹石于讲舍，系哀思而不忘。表哲人之奇节，诉真宰之茫茫。来世不可知者也，先生之著述，或有时而不彰，先生之学说，或有时而可商。惟此独立之精神，自由之思想，历千万祀，与天壤而同久，共三光而永光！

碑文既是对王国维留下的精神财富所做的最精练、最深刻、最科学的总结，又融入了陈寅恪自己的治学理念，以及对学者人格底线的看法，谓之夫子自道亦无不可，尤其是“独立之思想，自由之精神”这两句话，不但成了王国维之死的注脚，数十年之后，也因为陈寅恪于此之知行合一，最终成了他自己的墓志铭！这不是纯粹之巧合，这更是悲痛之天意，留给我们后人的，乃说不尽的感慨、唏嘘。

1930年，国民党教育部改易原清华园清华学校校名为清华大学，并改隶教育部，原清华学校国学研究院结束。短短数年，在今天的一般大学，不过是一届本科生的四年时间而已，而在当时，却凝聚了一批学者，培养了一些后进，在中国近现代学术史上写下了浓重的一笔！古往今来，抚今追昔，清华国学研究院和此后抗战时期的西南联大一样，都在那颠沛流离、兵荒马乱的岁月，书写了永恒的传奇！

1931年1月31日，次女小彭生于北京协和医院，42岁的陈寅恪任清华大学中文历史系合聘教授，并为中文研究所、历史研究所开专题课，中文系和研究所开“佛经文学”“《世说新语》研究”“唐诗校释”等课，史学系则开“魏晋南北朝史专题研究”“隋唐五代史专题研究”等课。此时授课之余，精研群集，于唐代文学及佛经多所涉及，所特好者，用力尤勤。5月，《国立清华大学二十周年纪念刊》出版，有陈寅恪《吾国学术之现状及清华之职责》一文，其中依然强调“吾国大学之职责，在求本国学术之独立，此今日之公论也”，“今世治学以世界为范围，重在知彼，绝非闭户造车之比”，可视为先生振兴我国学术的重要主张。卞僧慧所撰《陈寅恪先生年谱长编（初稿）》于此下按曰：“先生视‘中国学术独立’为‘吾民族精神上生死一大事’。‘独立’并非‘孤立’，故先生‘重在知彼’。既独具特色，不失故步，又不断前进，有足以与外界互相交流之新成就。如此则能并立于世界学术之林。庶不致相形见绌，匍匐以归矣。当时识者，每致叹吾国留学生不肯潜心研习西方文史，辄以中国文史为论文博取学位以归者。”这话即便放在当下如火如荼的国学界，亦不失为苦口良药、针砭金石。

大师的学问与风采

1932年1月28日，日本侵入上海闸北，淞沪抗战起。3月，溥仪伪满洲国由日本人操纵在东北长春市成立。3月13日，陈寅恪在好友吴宓工字厅居室与同学数人谈话，指出：

近年集会结社之风盛行，尤以留美学生为甚，互相攀援，为害于国家与民族者殊烈；间有少数初发起者均甚好，及其发展，分子复杂，君子渐为小人所取代，最后将此会社变坏。结社之首要，在于有共同的高尚理想，有此精神，始能团结巩固，成就事业，造福于民。又说：中国今日旧道德与新道德两种标准同时并存，有人谓旧的已去，新的未到者，殊非事实。此犹如两种斗，小人以大斗量入而以小斗量出，君子因此吃亏，今后旧者恐难复存，惟新者来自外国，与我国情形每有格格不入之处。吾人当准情酌理，行吾心之所安，总以不使旁人吃亏为准绳，至于细微处，则“大德不逾闲，小德可出入”。

这两方面的见识，今天看来，都具有穿越时空的深刻与精准，初步体现了陈寅恪历史智慧的光芒。这一年，他在课堂上还曾经说：德国人并不拥护希特勒，不过与法国人衡量，德国人宁受希特勒之统治，也不愿受法国人统治。秋，在开“晋至唐文化史”课时概述讲授要旨，强调：本课程讲论晋至唐这一历史时期的精神生活与物质生活之关系，精神生活包括思想、哲学、宗教、艺术、文学等，物质环境包括政治、经济、社会组织等。在讲论中，绝不轻易讲因果关系，而更着重条件，并且说：

以往研究文化史有二失：（一）旧派失之滞。旧派作“中国文化史”，其材料采自“二十四史”中之《儒林》《文苑》等传及诸志，以及《文献通考》《玉海》等类书。类书乃供科举对策搜集材料之用。作史没有必要全行采入。这类文化史不过钞钞而已。其缺点是只有死材料而没有解释，读后不能了解人民精神生活与社会制度的关系。

（二）新派失之诬。新派留学生，所谓“以科学方法整理国故”者。新派书有解释，看上去似很条理，然甚危险。他们以外国的社会科学理论解释中国的材料。此种理论，不过是假设的理论。而其所以成立的原因，是由研究西洋历史、政治、社会的材料，归纳而得的结论。结论如果正确，对于我们的材料，也有适用之处。因为人类活动本有其共同之处，所以“以科学方法整理国故”是很有可能性的。不过也有时不适用，因为中国的材料有时在其范围之外。所以讲大概似乎对，讲到精细处则不够准确而讲历史重在准确，功夫所至，不嫌琐细。本课程的学习方法，就是要看原书。有的人不看原书，“说食不饱”，这样不好，要从原书中的具体史实，经过认真细致、实事求是的研究，得出自己的结论。一定要养成独立精神、自由思想、批评态度。

这个看法，也表明了陈寅恪学术研究务实慎微的态度和方法，和当时受外来学说影响而动辄宏观纵横的学风比起来，看上去保守，却也沉稳，如今岁月沉淀，二者的学术价值孰优孰劣，已经越来越明显。另外，这年2月有学生旁听陈寅恪为哲学系所开“中国中古哲学”课，回忆道：“犹记先生讲课，每端坐合眼，且思且讲，遇有精义独得之处，辄张目含笑，娓娓而言，听者亦为之一振。”“端坐合眼”“张目含笑”，这栩栩如生的讲授风范，在今日大学体制内不出教学事故就算幸运了，所谓“不拘一格降人才”，学者的风采，又何尝不是“不拘一格育人才”？民国风、民国范儿在今天还被我们这些新世纪的后人追念，根本就在于此吧！

1933年，44岁的陈寅恪答复日本学者白鸟库吉有关中亚问题的请教，不仅在当时，即便在今日，也足以令国人为之骄傲。我们不妨看下陈哲三在《陈寅恪轶事及其著作》中转载的蓝文徵所述：

> 我想举一件亲历的事情以见国际学人对他的尊敬与爱戴。民国二十二年我在日本，有天在东洋文库吃饭，饭后大家闲谈，白鸟说：“蓝君你认不认识陈教授？”我答：“是不是陈援庵？”他说：“不是，是陈寅恪先生。”我说：“那是恩师。”白鸟一听，马上隔桌趋前伸过手来。白鸟在日本史学界，被捧得如太阳，如何对陈先生如此尊敬呢？他说了，他研究中亚问题，遇到困难，写信请教奥国学者，覆信说向柏林大学某教授请教，而柏林大学的覆信说应请教陈教授，当时钱稻孙度春假来日，正住隔房，他说可以代为请教陈教授，钱的春假未完，陈教授的覆信已到，而问题也解决了。他说如无陈教授的帮助，可能至死不解。

1934年，陈寅恪45岁，应王国维的弟弟王哲安之请，为王国维的著作集《王静安先生遗书》作序，高度评价王国维的学问是“先生之学博矣，精矣，几若无涯岸之可望，辙迹之可寻”，并将王国维的治学方法概括总结为三点：“一曰取地下之实物与纸上之遗文互相释证；二曰取异族之故书与吾国之旧籍互相补证；三曰取外来之观念与固有之材料互相参证。”因此，王国维用这三种方法写出来的著作，才会成为“吾国近代学术界最重要之产物也”，王国维的成就“足以转移一时之风气，而示来者以轨迹”。实质上，如果把陈寅恪对王国维的中肯评价用在他自己身上，也是恰当的，因为他们的学问理念和治学方法实在太接近了，如出一辙。

本年夏，吴宓在其所作“诗话”中，极力推崇好友陈寅恪：“始宓于民国八年，在美国哈佛大学，得识陈寅恪，当时即惊其博学，而服其卓识，驰书国内诸友，谓合中西新旧各种学问而统论之，吾必以寅恪为全中国最博学之人。今时阅十五六载，行历三洲，广交当世之士，吾仍坚持此言，且喜众人之同于吾言。寅恪虽系吾友而实吾师，即于诗一道，历年所以启迪予者良多，不能悉记。”而史学系学生夏鼐一月九日提交的“晋南北朝隋史”期末考试作业论文《论北魏兵士除六夷及胡化汉人外，似有中原汉人存在》，陈寅恪阅后，给了全班唯一的最高分数，评语曰：“所论极是，俱是读书细心，敬佩！敬佩！”这令夏鼐“甚感欣然”，给了他莫大的鼓励，“像小孩骤然得到大人的赞许，不觉有点飘飘然”（《夏鼐日记》）。陈寅恪用这种方式检验学生，并把他们引领进学术殿堂，后来的夏鼐最终成为中国考古学界一代泰斗。

1935年，陈寅恪46岁。1月8日，清华同学被捕者八人，3月初又有十余人被捕，后陆续释出。石泉先生《追忆先师寅恪先生》云：“陈师谈及当时的学生运动时说：我班上的好学生大都是共产党。我怎么知道的呢？抗战前那一两年，上我的课的学生中有些人学得很好。后来有一天我去上课，他们忽然都不见了，我一打听，才知道是因为国民党要抓他们，都躲起来了。我由此感到共产党将要成功，因为好学生都到那边去了。”这也算当时历史的一种折射吧。2月，陈寅恪为陈垣所著《元西域人华化考》作序，略论清代史学之衰落与近来史学发展之新趋势和清代经学所由盛及其流弊：

> 有清一代经学号称极盛，而史学则远不逮宋人，论者辄谓爱新觉罗氏以外族入主中国，屡起文字之狱，株连惨酷，学者有所畏避，因而不敢致力于史，是固然矣。然清室所最忌讳者，不过东北一隅之地、晚明初清数十年间之载记耳，其他历代数千岁之史事，即有所忌讳，亦非甚违碍者，何以三百年间，史学之不振如是？是必别有其故，未可以为悉由当世人主摧毁压抑之所致也。近二十年来，国人内感民族文化之衰颓，外受世界思潮之激荡，其论史之作，渐能脱除清代经师之旧染，有以合于今日史学之真谛，而新会陈援庵先生之书，尤为中外学人所推服。盖先生之精思博识，吾国学者，自钱晓征（清代学者钱大昕）以来，未之有也。今复取前所著《元西域人华化考》刻木印行，命寅恪序之。寅恪不敢观三代两汉之书，而喜谈中古以降民族文化之史，故承命不辞。欲借是略言清代史学所以不振之由，以质正于先生及当世之学者。至于先生是书之材料丰实，条理明辨，分析与综合二者俱极其工力，庶几宋贤著述之规模，则读者自能知之，更无待于寅恪之赘言者也。

蒋天枢认为陈著体大思精，足挽狂澜，而陈寅恪之序亦足以发其凡例也。

4月18日，陈寅恪复函沈兼士，论其所寄之《“鬼”字原始意义之试探》一文曰：“大著读讫，欢喜敬佩之至。依照今日训诂学之标准，凡解释一字即是作一部文化史。中国近日著作能适合此定义者，以寅恪所见，惟公此文足以当之无愧也。”这句“凡解释一字即是作一部文化史”，既契合当时文字学发展时代新风貌，也为后学开示了诸多新途径、新法门，至今为学者们所习见引用。9月23日，在上“晋至唐史”第一课时，说明讲课要旨：

本课程是通史性质，虽名为“晋至唐”，实际所讲的，在晋前也讲到三国，唐后也讲到五代，因为一个朝代的历史不能以朝代为始终。本课程虽属通史性质，也不能全讲，如果各方面都讲一点，则类似高中讲法，不宜于大学。每星期两小时，在听者或嫌其少，在讲者已恨其多。其原因有三：（一）自己研究有限，自己没有研究过的，要讲就得引用旁人的研究成果和见解（包括古人的和今人的）。这些，都见于记载，大家都能看到，不必在此重说一遍。（二）有些问题确是值得讲，但一时材料缺乏，也不能讲。（三）以前已经讲过的也不愿意再重复。有这些原因，所以可讲的就更少了，现在准备讲的是有新见解、新解释的。

在这里，分列几种书，第一类是必读书，从中可得到最低限度的常识。今日坊间教科书，以夏曾佑《中学历史教科书》（当时商务印书馆将此书改名为《中国古代史》，列入“大学丛书”中）为最好。作者以公羊今文家的眼光评论历史，有独特见解，其书出版已三十年，不必再加批评。（意谓此书已过时）其余大学课本，也可参考，看了也可引起对一些问题的注意，但不能作为依据。有些课本内容，辗转抄来，涉及的范围也很有限。现在每有人以为历史必然限于普通课本里所有的，其实这是不对的。例如今年为留美考试所出的“中国通史”试题，有一题问，金与南宋的学术有无异同？如有，异同何在？

答卷中有人说这个问题遍找各种历史书都没有，想该是指南北朝的学术异同。这个人所说的各书大概指的就是普通课本一类的书，这等书或者确实没有讲到这个问题，但是如果细心阅读旧史，是能发现的。所以说课本只可供参考，不足为依据。

（一）最低限度必读书，不在堂上讲，考试要考这些，因为如不考，连这些常识也没有。

政治史部分要看《资治通鉴》。今人每好看《通鉴纪事本末》，以为此书有合于西洋科学方法，而不看《通鉴》，这实在是错误。因为，(1)《纪事本末》是袁枢读《通鉴》时，心中所产生的问题，用以标题，分辑而成，不是人人阅读《通鉴》时所可能发现的问题尽在于此，所以如果只读《纪事本末》，就要受到它的限制，以为除袁枢所标题之外，再无问题了。(2)《纪事本末》于一事与两个问题都有关系的，就在第二个问题下注明，不过也有忘了注的，或不知其关系而不注的，如果只看《纪事本末》，就不易发现其关系了。我们可以说《纪事本末》是《通鉴》带全文的索引，可作读《通鉴》时的参考，而不能代替读《通鉴》。《纪事本末》不能做依据，必须看《通鉴》原书。

典章制度部分要看《通典》，天宝以后的《通典》没有，可以用两《唐书》的志补充。《通典》不仅钞辑，它有考证，是一部著作，比《文献通考》等书高得多。今人每好用《文献通考》而不用《通典》，因为前者包括的时代长，用着方便，其实不对。《通考》的价值，在于对宋事的批评（姑不论其批评的是非），再早的材料，也不过抄《通典》《通鉴》及正史。现在原书具在，不必用《通考》。

（二）进一步学习，可阅《晋书》《南北史》《新唐书》。

（三）进行广泛的研究，除上列书外，再加宋、南齐、梁、陈、魏、北齐、周、《隋书》、《旧唐书》、《册府元龟》、《太平广记》，以及诗文集、笔记，如《全唐诗》《全唐文》等。

新材料：以上所列参考书皆属旧材料，新材料将在讲授涉及时提出。历史的新材料，上古史部分如甲骨、铜器等，中古史部分如石刻、敦煌文书、日本藏器之类。所谓新材料，并非从天空中掉下来的，乃指新发现，或原藏于他处，或本为旧材料而加以新注意、新解释。（旧材料而予以新解释，很危险。如作史论的专门翻案，往往牵强附会，要戒惕）

必须对旧材料很熟悉，才能利用新材料。因为新材料是零星发现的，是片断的，旧材料熟，才能把新材料安置于适宜的地位。正像一幅已残破的古画，必须知道这幅画的大概轮廓，才能将其一山一树置于适当地位，以付旧观。在今日能利用新材料的，上古史部分必对经（经史子集的经，也即上古史的旧材料）书很熟，中古以下必须史熟。而今日出版的许多课本，多不能利用新材料，有的用了也往往弄错。再看日本，其中虽有好坏，然而大都皆能引用新材料。

更有进者，研究历史，要特别注意古人的言论和行事。古人说："左史记言，右史记事。"这话很有道理。

言，如诗文等，研究其为什么发此言，与当时社会生活、社会制度有什么关系，如"清谈"为什么发生，与当时社会有何关系等。

事，即行，行动，研究其行动与当时制度的关系。《通典》《大唐六典》《唐律疏议》皆讲制度（system）组织方面（structure），现在要研究其制度的施行（function），研究制度对当时行动的影响和当时人行动对于制度的影响。研究某种行动为何发生，如结婚必与民法有关，杀人必与刑法有关。（指出注意研究制度的实际施行情况，此点至为重要，因为写在纸上的东西不一定就是现实的东西。研究制度史不能只看条文，必须考察条文在实际生活中的作用）

上述内容极为重要，是我们研究陈寅恪时应当需要注意的，这里面透露出大量的先生本人有关学术识见，比如对夏曾佑著作的评价、《资治通鉴》与《纪事本末》的关系、《通典》与《通考》的关系、新旧材料的关系、言论和行事的关系等，包括他对自己讲授学问的三条要求，仔细品读，对我们近日如何更好地给本科生、研究生上课，有深刻的启示，我想我以后也要尽量以陈寅恪“新见解、新解释”的标准要求自己，精益求精地传道授业解惑！

1936年2月3日，陈寅恪在“晋南北朝史”课堂上谈到中学历史教学有关民族问题时说：

近闻教育部令，中学历史教科书不得有挑拨国内民族感情之处，于民族战争不得言，要证明民族同源。我以为这是不必的。

为着证明民族同源，必须将上古史向上推。如拓拔魏自称黄帝之后，欲证明其同源，必须上推溯至黄帝方可。这就将近年来历史学上之一点进步完全抛弃，至为可惜。此命令虽只限于中学以下，大学不在所限。然大、中、小学所讲之历史，只能有详略深浅之差，不能有真伪之别。在政府此种政策之下，遂有扫黄帝陵之举，殊不知非特不能调和民族间感情，反足以挑拨之也。

人每谓后代之某民族，即古代之某民族。这极危险，极靠不住，极难说。持毫无证据之玄想的假设，遂于古代之民族间之战争，讳而不言，殊为不当。

不讲民族战争，如汉史不讲与匈奴之战和，本时期（晋南北朝）不讲华、胡之战，则更无多少事可言。古代史上的民族战争，无避讳之必要。

每闻人言：中国文化最高，或谓汉族文化最高。汉族文化自为一极高之文化，然遂谓其为世界上最高之文化，则殊不当。如读藏文之《正续藏》，则可知藏族学问甚高。又如在中古时，阿拉伯人有极高之文化。不能因为自己无知遂谓某民族文化甚低，或文化不足道。

这一问题，时至今日，依然不失为冷静客观之见解，充分体现了陈寅恪中正平和的学术气质，我想我们有必要继续就此深入研究交流，而不是简单粗暴地任意处置这类事情。

第三节　抗战时期

颠沛流离的西南联大

1937年5月23日，陈寅恪的三女儿陈美延生于北京协和医院。卢沟桥事变爆发后，29日，他托侄子陈封雄雇了辆出租小汽车去清华园书房抢救手稿和常用书籍，据陈封雄后来回忆说："慌乱中，我只能把他书桌内外一些手稿及书桌周围的书胡乱地装满了一车。汽车刚要驶出清华大学西校门时，正好碰见一辆日军坦克迎面驶入，经过检查，一看都是线装书，就放行了。当时日本飞机仍在西苑投弹，清华成了日军兵营，寅恪叔的《大藏经》和其他许多书就不知下落了。"不久，85岁的老父亲陈三立忧愤弃世。料理完父亲丧事，于满"七七"后，陈寅恪携全家仓皇逃离北平，从天津、青岛、济南、徐州、郑州、汉口，几经辗转，得至长沙，路途之慌乱、苦痛，见载于唐筼《避寇拾零》。未几，由于时局变化，清华大学临时校址决定迁往云南，于是陈寅恪携全家再登程南行。据《流求笔记》，一家人经衡阳、零陵、桂林、梧州、虎门，到达香港，好友香港大学教授许地山代为租赁房屋。此时已近春节，唐筼因沿途劳顿，心脏病发作不能再走，陈寅恪遂于春节后经滇越铁路，前往云南蒙自西南联大文学院授课。（时清华大学与北京大学、南开大学合并为西南联合大学）

陈寅恪一家旧照

这次逃离出京，损失藏书甚多，后来他曾谈及此事：

抗日战争开始时清华大学迁往长沙，我携家也迁往长沙。当时曾将应用书籍包好托人寄往长沙。当时交通不便，我到长沙书尚未到。不久我又随校迁云南，书籍慢慢寄到长沙堆在亲戚家中。后来亲戚也逃难去了，长沙大火时，亲戚的房子和我很多书一起烧光。书的册数，比现在广州的书还多。未寄出的书存在北京朋友家中。来岭大时，我自己先来，将书籍寄存北京寡嫂及亲戚家中。后某亲戚家所存之书被人偷光。不得已将所余书籍暂运上海托蒋天枢代管。卖书的钱陆续寄来贴补家用。并将书款在广州又买一些书。

这和抗战时期所有的学者遭遇一样，藏书包括个人的读书笔记、著作，往往有毁于战火中的，从此难以再重新拾起。所以，抗日战争对中华民族的灾难性影响不仅在于物质资源上的掠夺、毁坏，更在于学术文化上的中断、破坏，而后者的因素尤为深远，却往往不为今人所重视。

1938年秋，西南联大从蒙自迁往昆明。当时日军飞机轰炸昆明是常事，每当空袭警报一拉响，楼上的人都争先恐后地往楼下奔，陈寅恪身体差，眼疾严重，行动不便，住在一楼的傅斯年常常不顾个人安危，拖着肥胖的身体上楼，搀扶陈寅恪下来。有一次，文学院教授刘文典想起陈寅恪，就带着几个学生，急匆匆地跑来搀扶着他往外跑，学生们要扶刘文典，刘文典不让，大声叫嚷着："保存国粹要紧！保存国粹要紧！"让学生们搀着"国粹"陈寅恪先走。他看见沈从文也在跑，便骂道："我跑是为了保存国粹，学生跑是为了保留下一代的希望。可是该死的，你干吗跑哇？你干吗跑哇！"因为沈从文是搞新文学的，写白话小说，搞古文经典的刘文典看不起他，当联大提卂沈从文为教授时，刘文典也曾有过这么一番令人捧腹的揶揄："陈寅恪才是真正的教授！他该拿四百块钱，我该拿四十块钱，朱自清该拿四块钱，可我不会给沈从文四毛钱！他要是教授，那我是什么？"上述的傅斯年、刘文典，这些情景，今日读来未免令人解颐，然而品味之余，民国学者们的"民国范儿"，又着实令我们心向往之！

有缘无分的牛津大学

1939年春，50岁知天命之年的陈寅恪在昆明西南联大讲授"两晋南北朝史”课，劳干在《忆陈寅恪先生》中说：“有机会朝夕对晤。那时寅恪先生已患目疾，需时常休息。他曾经和我谈到民国初年长沙的事，并说看到过和我父亲同曾祖的两伯父，神情和我还多少有些像。可惜我生长在陕西，对于湖南情形相当隔膜，因而接触到的问题也就不多，不然这也是近代史上很有用的资料。”

此时，在胡适、傅斯年、梅贻琦、伯希和等友人的热心推荐和帮助下，陈寅恪收到英国牛津大学汉学教授之聘，并被授予英国皇家学会研究员职称，是该校建校300余年来首次聘请的第一位中国人专职教授。国内学术界无不欢欣鼓舞，史学家陈衡哲评论道：“欧美任何汉学家，除伯希和、斯文赫定、沙畹等极少数人外，鲜有能听得懂寅恪先生之讲者。不过寅公接受牛津特别讲座之荣誉聘请，至少可以使今日欧美认识汉学有多么个深度，亦大有益于世界学术界也。”可见陈寅恪应聘牛津大学不仅是他个人的事，也涉及欧美汉学界对汉学的深刻认识、中西文化交流、中国文化在欧美的影响等问题，是有益于世界学术发展的大事。当时的中国驻英大使馆大使郭泰祺从中英合作的大局出发，也劝说犹豫不决的陈寅恪先生应聘。于是，这年夏天陈寅恪将离开西南联大赴英讲学，暑假后从昆明赴香港，拟全家搭乘邮轮去英国，不想第二次世界大战爆发，滞留香港；秋九月，他重返昆明，并校读《新唐书》。这里，我们不妨看下牛津大学现存档案中，当时对陈寅恪的评价——

1.候选人之履历：陈寅恪先生，江西义宁人，清末民初留学日本、英国、德国。1917年后，他继续在哈佛大学、柏林大学和巴黎大学进修。1925年，他被聘任为清华大学研究院教授和国立北京大学讲师，现任清华大学教授。自1929年以来，任中央研究院历史语言研究所历史组主任。

2.研究领域及方法：陈先生的研究领域极为广泛，并在中国比较语言学研究各个方面都深有造诣。近年来，他致力于汉、中国和六朝的历史，而他的著述表面上以微不足道的枝节为基础，但成果却相当深远，堪称真正的贡献。他在西方比较语言学方面受过的训练是一流的。他曾经学过梵文、藏文及蒙古文，并尤其精于藏文。他不但能够同时使用中国和西方历史学家的方法和文献，并且善于利用。

3.其贡献之重点：由于历史研究的领域甚为广泛，要达致最好的成果，必须具备深厚的知识和批判的态度。在现代中国，历史研究真正的进展，是透过运用批判性的方法达致的，唯应用范围一般仍十分狭窄。近来，研究领域已有所扩展，但方法一般仍欠严密。欧洲正统比较语言学的影响，只是在最近的历史著述中才开始感觉得到。陈先生是朝着这个方向发展的先行者。以下是一些能够凸显其贡献的重点：

a.陈先生能够掌握其他人忽略的某些事实的真正意义，利用一些看来是微不足道的事实，论证意义极为重大的事件。以前的中国历史学家，要么就是对细微的事实感兴趣，故他们的成绩不免支离破碎；要么就是对通史有兴趣，因此过于理论化和太具想象力。陈先生以令人钦佩的方式，展示出各种细微事实的联系，以解决大的历史问题。他的著作诸如《唐太宗的祖先》第一至第四，《约公元126—536年间道教与沿海省份》是目前历史研究的最高成就，他的方法和他的观点，都可以作为其他研究者的楷模。

b.陈先生是目前中国唯一可以利用藏文、蒙古文、满文的原始文献研究中国边疆史地的学者，他的成就，正如在他的《蒙古源流研究》等著作中展现出来的那样，是西方汉学家难以超越的。

c.陈先生比较梵文、藏文和汉文的佛教文本，例如他对不同的佛教文本所做的笔记，于准确性方面在中国无人能超越（虽然这在严格意义上不是历史研究，但这在历史研究中是非常根本的基础）。

毫无疑问，中国的历史研究必须以文本批判开始，如此，所引用的材料才属可信，并能得到合理的诠释。陈先生是中国可以这样做的最前沿的学者。他的见识，他对于细节的关注及其严谨的态度为将来的历史研究打下了坚实的基础，而他的成就也结合了西方和中国学者的优点。

4.学者的评价：中国学者和外国的汉学家对于陈先生的著述评价甚高。伟大的汉学家伯希和认为，陈先生能以批判性的方法并利用各种不同文字的史料从事他的研究，是一位最优秀的中国学者。

这一评价，令人高山仰止，试问，21世纪的今天，中国学者又有谁可以获得如此美誉呢？可惜有缘无分啊，这一历史性机遇和局面最终化为泡影，实在是20世纪人类学术史无可挽回的重大损失！

逃离香港

1940年，陈寅恪授课“隋唐史研究”“白居易研究”，由于眼睛视力大为衰退，一次上课时，走进教室将书包放好后，背对学生讲起来，过了一段时间发现不对，才转过身来面对学生微笑。3月，国民政府教育部授予陈寅恪的新著《唐代政治史述论稿》以学术研究社科类最高奖———一等奖，其哈佛求学时的密友、北京大学哲学系教授汤用彤，获得哲学类一等奖，在整个抗战期间，只有14位教授获此奖项。4月上旬，陈寅恪又与傅斯年、吴稚晖、蒋廷黻、雷海宗、顾颉刚、徐炳昶等19位教授，被国民政府教育部聘为史地教育委员会委员。

3月23日，陈寅恪赴渝，出席中央研究院会议，作为中央研究院评议会评议员，陈寅恪关注的是3月5日中央研究院院长蔡元培逝世后，继任院长选举的问题。陈寅恪从不过问政事和人事纠纷，这一次如此热心是个例外，他认为中央研究院是全国最高学术研究机构，其院长一职，理应由学术成就卓著并在中外学术界享有很高威望的学人担任，在他心目中，当时的驻美大使胡适是最适合的院长人选，所以他毫不掩饰地对傅斯年说，他此次重庆之行的目的，只是为了投胡适一票，为了给中国学术界推选一个合适的领军人物，在一定程度上保持学术的独立。于是，当蒋介石写条子指定其秘书顾孟余为继任院长时，包括陈寅恪在内的许多学人群情激昂，哗然不满，愤而抵制，“为了表示学界之正气、理想、不屈等义”（《胡适来往书信选》），他们坚决不投顾孟余的票，结果选出来的候选人是胡适、朱家骅和翁文灏三人，最后蒋介石圈定朱家骅为代理院长。回到昆明后，陈寅恪向吴宓谈论过中央研究院评议员会议的情况，表达了对这次重庆之行以及蒋介石人品和能力的失望，“初次见蒋公，深觉其人不足为，有负厥职”。

6月中旬，结束了本学期的全部课程后，于6月16日下午，陈寅恪邀请老同学汤用彤以及同事郑天挺、弟子邓广铭等人一道，去昆明戏院欣赏京剧，这是战时一次难得的放松和享受。第二天离开昆明，路上奔波了十多天，于7月1日夜再至香港家中，等待赴英时机，最终难以成行，乃就任香港大学客座教授。此时，战乱期间的贫困和病痛都折磨着陈寅恪，比如离他家不远的地方有一家私立的幼稚园，小女儿陈美延常用两只小手抓着铁丝护网，眼巴巴地张望，看里面的同龄小朋友玩滑滑梯、跷跷板，做游戏，羡慕至极，母亲唐筼女士告诉美延："我们家没钱交费，上不了幼稚园。"驰名中外的大师学者，自己的孩子竟然因交不起学费而被关在幼稚园门外，可想而知陈寅恪心中是何种滋味！

10月23日下午，陈寅恪应邀用英文作了一次"武则天与佛教"的公开学术演讲，据当年听过该演讲的壶公回忆，这次演讲还出现了一段有趣的小插曲："许多中外人士听说以那位'风流盖代，艳绝古今'的古帝为题材，都以为必有许多风光旖旎的宫闱秘史和佛寺因缘，在好奇心的驱使下，几乎轰动港九，纷纷去听，希望一饱耳福。谁知陈氏所讲纯是学术性的考据，并非香艳的秘史……结果为好奇而来的男女们，只好大失所望而去。"

1941年春，52岁的陈寅恪由香港飞往重庆，参加中央研究院评议会。8月4日，好友许地山于港大去世，年仅49岁。先生深为悼念，曾语人云："寅恪昔年略治佛道之学，然于道教仅取以供史学之补证，于佛教亦止比较原文与诸译本字句之异同，至其微言大义之所在，则未能言之也。后读许地山先生所著佛道二教史论文，关于教义本体具有精深之评述，心服之余，弥用自愧，遂捐弃故技，不敢复谈此事矣。"结合陈寅恪本人治学气质来看，这番话不只是对好友的缅怀恭维，确然可以说明许地山的学术研究对他所曾产生过的影响。

12月8日，太平洋战争爆发，日本人占领香港，立即接管了港大，陈寅恪马上辞去在港大所任教授职务，当时交通阻塞，无法离去，只好空坐家中半年。有一天早上，唐筼女士含着眼泪，拿一块浅色布用毛笔写上家长及孩子的姓名、出生年月日、亲友地址，缝在4岁美延的罩衫大襟上，怕万一被迫出走后失散，盼望好心人把她收留送还。又有一天深夜，他们听到一阵阵撕心裂肺的哭声，第二天听说日本兵找花姑娘，把邻居的五个女儿都强行侮辱了，于是唐筼女士立即给读初中的大女儿流求、读小学的二女儿小彭剪成男孩子一样的短发，穿上男装，扮成男孩子。小女儿美延还记得，日本占领军最初看中他们租住房子的地理位置，要抢占做兵营，命令全体住户立即迁出。陈寅恪因早年两次留学日本，精通日语，便出面与日本人交涉，由于他使用的是日本最有教养的贵族语言，日军摸不清其来头如何，便退出去了。陈美延说："谈判交涉的结果是可以宽限搬出日期，不久这队日本兵调防他处，全楼才平安无事。这件事后，那位趾高气扬的房东对我们这家穷房客也显得客气多了。"

病中的唐筼女士为全家生存，寻找食物，操碎了心。他们经常把红薯连皮带根煮来吃，间或吃一顿半干稀的米饭，都要限量进食，连饭量不大的四五岁女孩美延，都喊吃不饱。肉类更是难得的"奢侈品"，几个月都尝不到一次，好不容易得到一个鸭蛋，如获至宝，五个人分着食。陈寅恪因半饥半饱，周身乏力，常卧床不起。素有南国女诗人和岭南才女之称的冼玉清女士，听说陈家在生计上的窘况之后，马上派人送去40元港币和一些食物。细心的冼玉清女士知道，50元以上的大额票面已被禁用，在市面上50元一张的港币，往往只能换30元左右的小票，所以特地把40元港币兑换成零钞。陈寅恪虽然没有接受，但一直感激冼玉清教授的隆情高谊。与陈寅恪并称“史学界二陈”的陈垣，其长子陈乐素，曾在香港九龙英华女子中学任教，此时尚未逃离香港，他化装成难民，冒着极大的危险，绕道把一袋米送到陈家，解其断炊之危。当时叶恭绰亦在香港，也送过米给陈家。陈寅恪在港大的同事和朋友陈君葆，于1942年4月21日，曾托人给他送去大米16斤，肉类罐头7罐，第二天所托之人回来对陈君葆讲了陈寅恪的近况：“据谓他已经挨饿两三天了，闻此为之黯然。”又据《流求笔记》载，陈寅恪先生仍在做赴英准备，缝制他素不喜欢穿的西装，遗憾的是到底没有实现这次讲学。此间在香港撰成《唐代政治史略稿》，后来在渝印行时易名《唐代政治史述论稿》，成为其一生极负盛名的代表作。

1942年5月5日，在内地的好友傅斯年、朱家骅、俞大维等人多方设法，四处奔走，筹集经费，拟订方案，53岁的陈寅恪由香港取道广州湾返回内地，成功逃离香港。这个过程说起来真是惊心动魄！据台湾“中央研究院”近代史研究所档案馆所藏的朱家骅档案披露，他几次派国民党在港澳的地下工作者去了解陈寅恪情况，要求他们随时向他报告，以便及时做好对策。3月31日，国民党港澳（地下）总支部书记长高廷梓，向他报告陈寅恪等人的近况：“陈氏截至本月中旬尚未赴广州，伪方四次派要员劝驾，尚不肯走，同时经济困迫，致卧病不能起床，情形甚惨。”报告中所说的“伪方”，即日伪组织，“未赴广州”就是拒绝了日伪的拉拢威逼，没有落水去为敌人效劳。朱家骅接到这份报告后，一面将报告中的内容，于4月10日致函傅斯年，“请转知有关方面或须设法接济也”；一面下达命令，布置国民党中央统计调查局在香港的地下组织与陈寅恪联系、沟通，做好积极营救的准备工作。心胸坦荡豁达的朱家骅，并没有因为前年选举中央研究院院长时，陈寅恪没有投他一票而有所懈怠，或者置之不理，同样体现出仁者公心的高风亮节！

4月22日，朱家骅通过国民党澳门地下组织，第一次发密电给陈寅恪：“盼即设法由广州湾返国，如能设法先至澳门或广州湾后即可与弟通信。所需费用若干请电复，当照汇。”绝境中的陈寅恪此时“如死复生，感奋至极”，立即草拟复电电稿，表示遵照朱家骅的安排，同时希望能汇出2万元，以解燃眉之困，并请给必经之路的海关及国内沿途关卡军警打招呼，特予以保护。朱家骅接到回电后，立即吩咐有关人员照办无误，将所筹集的4万元，分批汇至陈寅恪指定的地址与指定的人那里。

5月4日晚，陈寅恪带领全家悄悄离开住处，到码头一家小旅店，度过既兴奋又惶恐的一夜。次日和逃难的群众一道，排队通过关卡，登上开往广州湾（湛江港）的海轮。由于他们夫妇都患有心脏病，不能背负重物，便把行李分配给了三个女儿，就连年仅5岁的美延，也“负责携带一捆雨伞及手杖，并背着一个小背袋，里面装着几件常穿的衣物和本人及家长的姓名，以防我丢失后，好心人能帮我找到父母”。在这关头，陈寅恪还是冒着危险，把这两年在香港写成的“唐代政治史”及“晋书补正”等在港大讲课的底稿带在身边，不让它们流失在海外。中午，船行至澳门，在码头暂时停靠，陈寅恪带着二女小彭上岸，在早先约定的地方与地下工作者周尚见面。周尚把一个装着他所需的路费和生活费的藤箱交给了他，同时也给他介绍了一些情况。陈寅恪这才知道，国民党在港澳的地下工作者，为营救他付出了极大的代价。为营救陈寅恪一家，朱家骅与国民党港澳地下组织设计了一个天衣无缝的方案，自4月份以来，朱家骅连续发来五次密电要转给他，但因国民党在香港的地下情报机构被日本宪兵队破获，五个送信的地下工作者都被日本宪兵抓捕。他们在日本宪兵队的魔窟里，遭受严刑拷打，但都咬紧牙关没有供出营救的机密，否则陈寅恪一家就很难从香港脱险。陈寅恪知道这些事后非常感动，6月末抵达桂林的第二天，就在给朱家骅、叶企孙、傅斯年等人的信中，专门提及此事，"到澳门晤周尚君，始知已先后派人五次送信，均未收到，闻送信之人，有一次被敌以火油烧杀"。所以，当我们仰望陈寅恪、缅怀陈寅恪、致敬陈寅恪时，也请我们永远铭记那些在不同历史时期不同地点场合帮助、营救、保护过陈寅恪的人吧，没有他们的身影，也就没有陈寅恪的悲壮一生!

6月末，陈寅恪抵达桂林，早年在日本留学时的老同学、已是著名地质学家、被聘为中央研究院地质研究所所长的李四光，此时兼任广西大学教授，不但数次来看望过陈寅恪，而且热情推荐陈寅恪任教于广西大学。当时内地各个大学都在招揽名师，以充实师资队伍与提高其水平，大学教师的自由流动，已蔚然成风，广东的中山大学、陪都重庆的中央大学、四川乐山的武汉大学、贵州遵义的浙江大学等高校都竞相争聘陈寅恪为该校教授，并一一寄来聘书。陈寅恪衰弱的病体实在经不起路上的奔波和搬家的折腾，便婉谢了这些大学的聘请。

8月，国民政府教育部在全国各地大学推荐出的教授中，经过严格的评议，选定30位教授为第一批部聘教授，其中西南联大就占8位，当年的

“哈佛三杰”陈寅恪、汤用彤、吴宓三位都赫然在列。吴宓兴奋地在日记中写道：“知宓被任为西洋文学部聘教授。此固不足荣，然得与陈寅恪（历史）、汤用彤（哲学）两兄齐列，实宓之大幸已！”10月24日，陈寅恪与吴宓都很看重的浙江大学教授张荫麟逝世于遵义，终年36岁。11月29日浙江大学举行追悼会，陈寅恪寄去挽诗。早在1933年11月2日写给傅斯年的一封推荐信中，即可看出陈寅恪对张荫麟的评价之高，其中说：“昨阅张君荫麟函，言归国后不愿教哲学，而欲研究史学，弟以为如此则北大史学系能聘之最佳。张君为清华近年学生品学俱佳者中之第一人，弟尝谓庚子赔款之成绩，或即在此人之身也。张君年颇少，所著述之学术论文多为考证中国史性质，大抵散见于《燕京学报》等，四年前赴美学哲学，在斯坦福大学获博士学位。其人记诵博洽而思想有条理，若以之担任中国通史课，恐现今无更较渠适宜之人。若史语所能罗致之，则必为将来最有希望之人材，弟敢书具保证者，盖不同于寻常介绍友人之类也。”可惜英年早逝，壮志未酬，学术界现在对张荫麟的研究亦未有全面总结，痛心遗憾！

双目失明

1943年8月，54岁的陈寅恪启程北行，经贵州独山、都匀、贵阳，十一二月间抵达重庆。当时弟子蒋天枢、蓝文徵听闻先生至渝，前来拜谒，蓝文徵并且去购买奶粉，仅得3罐，陈寅恪说：“我就是缺乏这个，才会病成这样。”这对当时的陈寅恪一家来说，真是情深意重的珍贵礼品了。之后12月底又往成都，任教于燕京大学，用大女儿《流求笔记》里的话说："这期间成都灯光昏暗，物价飞涨，间或要躲警报，当生活那样困难的时候，父亲用他唯一的左眼，紧张地从事学术研究和备课。"此情此景，读来令人为之动容。

1945年春正月，因生活艰苦，营养很差，55岁的陈寅恪左眼视网膜剥离加重，致失明，住进成都存仁医院，医生实施手术亦未奏效。大女儿《流求笔记》是这样记载的："不料一九四五年春天一个早上，父亲突然发现两眼一片漆黑，失明了。先叫我通知，他当天不能上课，随后住进存仁医院。手续前后，燕京老师同学们非常关心，很多同学轮流照顾，但身体、生活条件太差，手术后仍不能恢复视力。"二女儿《小彭笔记》也写道："父亲在存仁医院由眼科医生开刀。听父亲说，在成都开刀时手术不怎么理想，视网膜皱在一起，以后虽到英国医治，已无法再弄平。"农历五月十七日为先生诞辰，有诗《五十六岁生日三绝》，其第一首云："去年病目实已死，虽号为人与鬼同。可笑家人作生日，宛如设祭奠亡翁。"可见其当时身心痛苦之感受。动手术前的某一天，陈寅恪对王钟翰说："我之目疾非药石所可医治者矣！因龆龄嗜书，无书不观，夜以继日。旧日既无电灯，又无洋烛，只用小油灯，藏之于被褥之中，而且四周放下蚊帐以免灯光外露，防家人知晓也。加以清季多有光纸石印缩印本之书，字既细小，且模糊不清，对目力最有损伤。且有时阅读，爱不释手，竟至通宵达旦。久而久之，形成了高度近视，视网膜剥离，成为不可幸免之事了！"把所患目疾的病源讲得很清楚了，同时对医治失败可能导致失明的后果也有了一定的思想准备。8月10日，日本投降，陈寅恪甚是欢欣，有《乙酉八月十一日晨起闻日本乞降喜赋》诗，这年秋天英国皇家学会约请陈寅恪先生赴英疗治目疾，9月21日乃由成都搭飞机去昆明，再经印度去伦敦，西南联大教授邵循正陪同。

1946年春，世界第一流眼科专家主治医师杜克埃尔德为陈寅恪写了一份最后意见书，表示已经无能为力，当时胡适在美国纽约，曾建议陈寅恪到纽约哥伦比亚大学眼科中心诊治，陈寅恪乃将此意见书寄了一份给胡适，胡适托人约请专家协商，他们都说杜克埃尔德“尚且无法，我们如何能补救”。无奈，只好离英归国，乘轮船绕道北美。4月，泊停纽约，赵元任夫妇及往昔清华学生留美者同到船上看望陈寅恪。杨联陞《陈寅恪先生“隋唐史第一讲笔记”引言》记述道，当陈寅恪在船舱内初闻赵元任夫妇呼唤之声，“顿然悲哽”，可想而知先生当时内心是多么感伤!

这年夏天，去国十年的季羡林从德国学成归来，经陈寅恪推荐，被北京大学破格聘为教授兼东方语言文学系主任，唐长孺则因所著《唐书兵志笺证》经陈寅恪审阅评议，获其首肯后而晋升为教授。

1947年，58岁的陈寅恪修改《元白诗笺证稿》诸篇，助理研究生为陈庆华、王永兴等。时事日非，眼又不见，遂名书斋曰“不见为净之室”。这年冬天很是寒冷，囊中羞涩的陈寅恪无钱供暖，季羡林来拜见时见此情景，回去告诉了北京大学校长胡适，胡适知道后，于心不忍，出于爱惜这位国宝级人才的动机，将设法弄到的一笔钱赠送给陈寅恪。清高的陈寅恪不肯接受，后来经过协商，他决定投桃报李，将自己多年来千辛万苦从海内外收集的巴利文藏经及东方语文各书，如蒙古文《蒙古图志》《突厥文字典》等稀有书籍，装了满满一汽车，卖与北京大学东方语文系，用以购煤，如此也就一个房间安装火炉而已。“文革”时期“第七次交待底稿”

曰：“天气很冷，常发心脏病。将所藏最好的东方语言学书籍全数卖与北京大学东方语言学系，以买煤取暖。”昔日经办此事的季羡林说：“陈先生只有收二千美元。这个数目在当时虽不算少，然而同书比起来，还是微不足道的。在这一批书中，仅一部《圣彼得堡梵德大词典》市价就远远超过这个数目了。这一批书实际上带有捐赠的性质。”当时有报纸署名“天吁”者为此作词：“铮铮国士名，矻矻寒窗苦，生事困樵薪，珍袭归书贾。燎原战火燃，断续炊烟舞，何异又焚书，风教委尘土。”并序云：“陈寅恪教授卖书买煤，为之意苦者久之。”作者未必知晓个中内情，但念来还是不觉慨然！

1948年夏，长女流求毕业于南京金陵女大附中，暑假考入清华大学生物系医预科，后转入上海第一医学院。冬，12月15日，国共内战迫近北平，陈寅恪乃乘飞机至南京、上海，于1949年1月16日，乘轮船去广州，19日抵达岭南大学北门码头，受到早已等候在那里的岭南大学陈序经校长、文学院院长王力以及冼玉清、容庚等教授的热烈欢迎。邓广铭叙述道：“（十二月）十四日这天晚上，陈先生全家都宿于东厂胡同，准备明早再走。我去与陈先生话别。他向我说：其实，胡先生（胡适）因政治上的关系，是非走不可的，我则原可不走。但是，听说在共产党统治区大家一律吃小米，要我也吃小米可受不了。而且，我身体多病，离开美国药也不行。所以我也得走。”由此，所谓“陈寅恪的最后二十年”拉开序幕，在经历了儿时美好的生活、中年困苦的颠簸之后，59岁的陈寅恪将在广州迎来他人生最后一个阶段的浴火，痛心而疾首，可泣更可歌！

第四节　最后二十年

政治的风向

1949年春，60岁的陈寅恪在广州岭南大学兼任中文、历史两系合聘教授，为两系的学生讲授“两晋南北朝史”“唐史”“唐代乐府”等课程，支取两份薪金，是当时校内薪俸最高的教授，比校长陈序经还要高。不仅如此，校方还每月固定补助他和数学家姜立夫100元，定期拨款补贴他的医药费，解决因物价飞涨而造成的生活困难。初到广州时，配备的助教黄如文，久慕陈寅恪之名，对其十分崇拜，只因他是广州人，一般问答包括读古书资料给陈寅恪听，皆用粤语，难尽通解。后来，燕京大学的毕业生程曦从北方逃难至广州，请求陈寅恪为其安排了岭南大学中文系助教一职。

此时此刻，逃往台湾“中央研究院”的傅斯年屡屡电催陈寅恪赴台，而陈寅恪没去，“文革”时期“第七次交待底稿”中曰：“当广州尚未解放时，伪中央研究院历史语言研究所所长傅斯年多次来电催往台湾，我坚决不去。至于香港，是英帝国主义殖民地。殖民地的生活是我平生所鄙视的。所以我也不去香港，愿留在国内。”1月21日，蒋介石宣布下野后，由李宗仁代理总统。4月1日，张治中率国民党代表团抵达北平，与中共代表团进行和平谈判。4月23日，代理总统李宗仁匆忙飞往广州，广州成为国民政府的临时首都。4月6日，从上海登上客轮奔赴美国的胡适，在茫茫大海中挥笔写下了《〈自由中国〉的宗旨》一文。5月11日，著名历史学家陈垣在中共中央机关报《人民日报》发表了给胡适的一封公开信，第一次以赞同的口吻提到了历史唯物论，并说是自已“对历史有了新的见解”，胡适等旧意识使他“一直受着蒙蔽”，希望胡适能“转向人民，幡然觉悟”。尽管三个月前胡、陈二人信函往来还十分频繁，交谊甚厚，然而年至七十的陈垣竟能如此痛快地与胡适决裂，这表明史学界的世道人心也将面临一场巨变。之后，北平有诸多学人向毛泽东写信表态，处境尴尬的冯友兰也向毛泽东致信，说自己以前讲封建哲学，帮了国民党的忙，今后决心改造思想，学习马列，争取用五年时间重写中国哲学史等。毛泽东回信，由一名解放军骑摩托送至冯家，云：“我们是欢迎人们进步的。像你这样的人，过去犯过错误，现在准备改正错误，如果能实践，那是好的。也不必急于求效，可以慢慢地改，总以采取老实态度为宜。”从下半年开始，在北京大学等高校内已开始出现批判胡适实证主义等治学方法的文章。8月5日，美国国务院发表题为《美国与中国的关系》白皮书，8月13日，“云南王”龙云在香港发表声明，拥护中国共产党领导。10月1日，中华人民共和国成立，定都北京。

1950年6月6日教师节，岭南大学的师生们，向61岁的陈寅恪赠送了一面绣着“万世师表”的锦旗。6月25日，朝鲜战争爆发。10月，中国人民志愿军秘密入朝与美国为首的联合国军队交战，“抗美援朝，保家卫国”运动兴起，连唐筼女士也在目睹了岭南大学大学生踊跃报名参军的热烈场面后接连写出六首诗来描述当时的情景，其一云：“参军荣校复荣亲，抗美援朝壮士身。珍果荣花彩车送，空前盛况岭南人。”10月12日，中央政府政务院明令接收影响甚大的北京教会学校辅仁大学，实际上预示了所有大陆教会学校在未来的命运结局。12月20日，在台湾的傅斯年因脑溢血突然去世，年仅54岁。本年陈寅恪将前所著有元白诗各篇，整理为《元白诗笺证稿》一书。初冬，由岭南大学文化研究室作为该室丛书之一，印成直行线装本，后来又经助教黄萱协助修改，交上海中华书局改为直行平装普及本。这是先生又一部为世人所重视的代表作。

1951年，助教程曦因故不愿协助陈寅恪工作。某日久候其不来，及至寓所探询，则人去楼空，已不辞而别矣，夫人唐筼只好自任助手。对此，据小彭、美延说：“有以讲师诱程者，程遂坚决不再协助先生做事，虽经校长陈序经婉劝亦不肯。先生遂辞去中文系教职，专任历史系教授。”流求也说：“两老都曾亲自告我，对程曦事很生气。”《吴宓日记》8月26日写道：“寅恪兄与容庚甚不和，已改入历史系，而曦竟叛离寅恪。寅恪写读各事，均筼夫人代职云云。深为痛伤。曦虽热情盛气，而殊粗疏，故不能坚毅上达，亦以愚人而已。”有意思的是，这年秋天，杜国庠在中山大学作报告，赞美了62岁的陈寅恪和容庚，杨树达听说后也在日记中写道：

“官吏尊重学人，固大佳事。然以容配陈，有辱寅恪矣。”这些都可以看作朋友故交中的一些人事观察吧。

5月，中央召开全国宣传工作会议时强调：用马列主义的观点和方法去教育全国人民，而不是用其他任何观点和方法，要运用各种办法克服各种困难，做到在全国范围内和全体规模上宣传马列主义，同时掀起政治学习热潮。8月22日，周恩来《目前形势和任务》报告中称：“从旧社会过来的知识分子，在过去不是受着封建思想的束缚，就是受着帝国主义奴化思想的侵蚀；现在要为新中国服务，为人民服务，思想改造是不可避免的。”11月30日，中共中央发出《关于在学校中进行思想改造和组织清理工作的指示》，明确思想改造运动之目的、作用、步骤，至此，第一次知识分子思想改造运动在中共中央部署下，广泛开展起来。11月间，身为岭南大学医学院院长夫人的黄萱，经同院教授陈国桢夫人关颂珊正式推荐，到陈寅恪家里试任助手。这年，海军某部在杭州牌坊山一带圈地修建疗养院，陈寅恪的父母和大哥的坟茔均在此处，并在限期内必须迁走之列，陈寅恪在南京的弟弟陈方恪万般无奈，只得以他们几兄弟的名义，联名给时任华东军区司令员、上海市市长的陈毅写了一封信。信中称：“先公素不信风水之说，只以晚年侨居武林，爱其山水清幽，偶营生圹，故不孝方恪等谨遵遗命，遂于戊子秋间，仓卒告窆，迄今已四载……方恪等无以克绍先业，中宵惶骇，每至涕零。寻思再四，惟有呈恳我公可否设法保护，只求得免迁葬，其他无不祗遵。”陈毅得知此事后，狠狠地批评了经办人一顿，要他们另选地址，并说：“如果我们共产党人把陈三立的墓都挖了，那我们将何以谢天下！”在陈毅的干预下，陈三立夫妇以及长子陈衡恪的坟墓才得以保全，由此，陈氏兄弟对性格豪爽的陈毅一直心存感激。

11月22日，中山大学聘任黄萱女士兼任63岁的陈寅恪的助教，学校因经费不足，只付一部分工资。从此，这个“从未能一睹她的真容”的女助手，命中注定似的成就了陈寅恪晚年近百万字的名山著述（其中六万多字的《论再生缘》前后只用了半年时间，足以惊人）。被人们称为“脾气怪”的陈寅恪在接下来漫长的13年岁月中，从未向黄萱女士发过脾气，这是先生对她的珍惜，也是“物以类聚，人以群分”的气质吸引，他一直让女儿们称呼比自己小20岁的黄萱女士为“周伯母”，以表示她与自己同一辈分，黄萱女士数十年都感激陈寅恪对自己的这份尊敬。冬，杨树达以所撰《积微居金文说》见寄，函中言及陈垣勉以“学韶山”事，即陈垣致信杨树达，有语：“来示谦欲法高邮（清代学者王念孙、王引之父子），高邮岂足为君学？况我公居近韶山，法高邮何如法韶山。”陈寅恪回复杨树达云：“大著多古文奇字，俟请人代读；然此书为近年出版物中第一部佳作，虽不读亦可断言也。”并对陈垣的说法表示了婉转的异议。

坚拒北上

1953年夏，陈寅恪长女流求毕业于上海第一医学院，分配到重庆一〇六一纺织厂工作（1961年调入成都第二人民医院）。9月11日，弟子蒋天枢前来拜谒，停留约10日，当时蒋天枢正在校读《周礼》，64岁的陈寅恪教诲之曰：“《周礼》中可分为两类：一、编纂时所保存之真旧材料，可取金文及诗书比证。二、编纂者之理想，可取其同时之文字比证。”夫妇二人并有诗作赠予蒋天枢。

秋季迎新会上，系主任刘节向到会师生介绍：“我们系里拥有中古史两位大师：陈寅恪先生和岑仲勉先生。”9月，中共中央中国历史问题研究委员会决定请陈寅恪出任第二历史研究所所长（郭沫若为一所上古史所所长，范文澜为三所近代史所所长）。据刘大年回忆，这是由胡乔木提出的。11月6日，杨树达收到其侄杨伯峻来信，说：“中央恐学术传统中断，故邀请历史语言学者入京，从事研究，事由郭沫若主持。据峻所知，见邀者除余外，尚有陈寅恪、顾颉刚云。为学术计，此事至可喜，不关个人也。”之后，国务院派原在清华任陈寅恪助教的北京大学历史系副教授汪篯来广州，怀揣中国科学院院长郭沫若、副院长李四光的两封信，信心十足地说：“我这个老学生去请他，一定请得动！”迎请陈寅恪赴京，任科学院哲学社会科学部历史研究第二所（中古史）所长，冼玉清与黄萱女士多有促说其前行的，陈寅恪却辞谢不就，推荐陈垣代替自己。自11月21日初谒先生至12月1日上午与先生又作半日长谈，汪篯将直接聆听先生教言以及从各方面所了解到的种种情况，结合自己的认识，写成《陈寅恪的简史及学术成就》报告。这份一万多字的珍贵原始记录，真实地呈现了两人多次交谈时的思想状态和情感宣泄，令人闻其声而想见其人，而陈寅恪的风采神态尤其跃然纸上。

12月3日，在尚未接到北归路途上的汪篯汇报时，中国科学院讨论历史所人选：中古史所陈寅恪为所长。据《竺可桢日记》：“一九五三年十二月三日　星期四　晴。晨9点半开院务常委，讨论历史所人选，上古史所郭院长，尹达为副；中古史所陈寅恪为所长，向达和侯外庐为副；刘大年为近代史所副所长。”

助手黄萱

1954年1月，中国科学院院长郭沫若来信，65岁的陈寅恪复书如下：“沫若先生左右：一九五四年一月十六日手示敬悉。尊意殷拳，自当勉副。寅恪现仍从事于史学之研究及著述，将来如有需要及稍获成绩，应即随时函告并求教正也。专此奉复，敬颂著祺。陈寅恪敬启。一九五四年一月廿三日。”5月2日晚，中山大学历史系学生会举行了“尊师爱生”晚会，刘节向全体师生介绍了系内两位全国一流的历史学家陈寅恪、岑仲勉的学术成就，随后，历史系全体老师向这两位前辈赠送了“诲人不倦”“循循善诱”的锦旗，以表达对二老的崇高敬意。5月3日晚，中山大学举行“敬老尊师”座谈会，陈寅恪应邀赴会。

这年夏天，黄萱女士因丈夫周寿恺出任华南医学院副院长，工作调动搬家，由此距离陈寅恪家10公里，来回得倒两路公交车，要耗去三四个小时，只好向先生请辞。陈寅恪说：“你的工作干得不错，你去了，我要再找一位适当的助教也不容易，那我就不能再工作了。”态度如此诚恳真挚，语气如此落寞低沉，深受打动的黄萱女士最终又留了下来。于是黄萱女士每早7时起，快步赶去车站，挤两小时汽车，9时整坐在先生面前开始工作，工作结束后已过中午1点钟，再挤两小时的汽车回家。早餐是来不及吃的，就在陈寅恪家订一份牛奶，午餐有时也会在先生家留用，而丈夫周副院长则每天下午都尽可能争取时间到汽车站迎接夫人，风雨无阻。因此，当我们研究关注“陈寅恪的最后二十年”时，无论如何也不能忘却背后默默奉献的黄萱女士。四十年后其子周任回忆，有时陈寅恪嘱咐她查找一句话的出处，找到了，黄萱女士仍要将该书全看一遍，为的是更深地理解陈寅恪的思路，如此的勤奋付出与任劳任怨令陈寅恪极其满意。陆键东《陈寅恪的最后二十年》说“如果陈寅恪晚年所找的助手不是黄萱而是其他人，则陈氏晚年著述便无法预料了”，这绝对不是什么夸大之词！1955年，66岁的陈寅恪借着《元白诗笺证稿》一书重印之机，在附记中特别指出该书的修订有赖于黄萱女士的帮助，这是黄萱女士第一次为学界所知，也是她的名字第一次与陈寅恪联结在一起，从此合力续写传奇。1953年年底，黄萱女士的丈夫周寿恺曾对汪篯说，陈寅恪先生愿意找她做助手，大概是她不会将其平时的言行往外传。现在看来，周寿恺说对了，陈寅恪也选择对了，这和他晚年将一生心血的著述事业托命弟子蒋天枢一样，折射出富有大智慧的学者之洞察时势、品鉴人物的预见性、准确性。

陈寅恪与助手黄萱在工作

八九月间，陈寅恪应允担任中国科学院哲学社会科学院学部委员。陈寅恪接受后，郭沫若致函表示欢迎。10月16日，毛泽东写给中共中央政治局的《关于〈红楼梦研究〉问题的一封信》，掀起全国对俞平伯《红楼梦》研究的批判运动。11月，中山大学举行大型的对《红楼梦研究》进行讨论的座谈会，中文与历史两系的教授全部出席，唯独陈寅恪没有参加。在历史系，先后举行过多次批判会，陈寅恪依然缺席。

自1954年春天起，66岁的陈寅恪开始《柳如是别传》之撰著，此书初拟名为“钱柳因缘诗释证稿”。本年，人民出版社还准备出版陈寅恪的一部代表作《唐代政治史述论稿》，合同虽已订好，出版日期却拖延下来。9月，学校教务处来电话，说是学校一同事欲借阅《唐代政治史述论稿》底本，陈寅恪同意了，取书人带着借条取走了底本，来人刚走，夫人唐筼女士发现那张借条上有“检送”字样。陈寅恪大怒，连说：“为何我的著作要去检送？！”让夫人唐筼女士马上赶到教务处办公室要回了底本。还是在这一年，有关部门欲选陈寅恪为第二届全国人民代表大会代表，无奈上门做了多次工作，陈寅恪还是没有答应。

1955年9月15日，经陈寅恪提出，陈序经副校长亲自办理，中山大学正式聘任黄萱女士为先生专任助教，工作仍旧，月薪76元，直到1973年退休未有改变。9月19日，陈寅恪函谢唐长孺寄赠三联书店本年7月出版新著《魏晋南北朝史论丛》，书中曰“寅恪于时贤论史之文多不敢苟同，独诵尊作辄为心折”，对唐长孺的赞赏一如既往。10月25日，人民出版社来函，称陈寅恪的《唐代政治史述论稿》一书已转到中华书局出版。11月19日，中华书局来函告知要更改出版合同：出版权永归书局；第一版以后再版一万册每次稿费递减20%。陈寅恪回函：“宁愿不出版，也不答应改动合同！”一个月后，人民出版社再次来函，称该书稿现已收回自己出版。

1956年，《唐代政治史述论稿》终于以三联书店名义出版。

冰火双重天

1956年年初，中共中央办公厅印发《关于全国高级知识分子人数的调查报告》。1月14日，中共中央在北京召开“关于知识分子问题”的会议；1月18日，中共广东省高等学校委员会书记、中山大学副校长冯乃超在“关于知识分子问题”会议上的发言，举了陈寅恪作例子，说：

> 落后的和思想上反动的知识分子能否争取和使用呢？我们认为还是可以的。中山大学有一个老教授陈寅恪，解放以来他在思想上一直是和我们敌对的，而且还写诗讽刺过我们。去年中国科学院聘他任职，他表示：任职可以，但不谈马列，不干政治。直到去年初我们展开对胡适的思想批判的时候，他还说某些教授是“一犬吠影，十犬吠声”。但是，这次聘请他参加全国政协，他便答应下来了。像这样顽固的人，也可以争取过来……像陈寅恪，中央数次指示要耐心争取他。

1955年，中山大学中共党委书记兼副校长龙潜开始在一些场合嘲笑陈寅恪，一次会议上点名批判陈寅恪思想陈旧腐朽，并讽刺学术界将这样的人捧得那么高，说“看陈寅恪的著作不如去看《孽海花》”。这些话令人咋舌，触犯众怒，后来的历史也证明可谓搬起石头砸自己的脚。5月21日，陈寅恪填写的干部经历表上，在“主要社会关系”一栏里，罗列了姜立夫、陈序经、邵循正、蒋天枢四人，其中这样写道：“蒋天枢，1928年在清华大学研究院师生关系，最近数年因托他在上海图书馆查资料，故常有信来往。”6月25日，唐筼女士置酒庆贺陈寅恪67岁生日，先生有感而作七律一首，中曰“平生所学供埋骨，晚岁为诗欠砍头”，祝寿日子里竟写下“供埋骨”“欠砍头”这样不吉利的句子，不合情理，然而联系龙潜的话语来看，也就迎刃而解了。

和龙潜相比，10月16日下午国务院副总理陈毅的到来，则让人温暖得忘却了时代的肃杀。在广东省省长陶铸及广州市市长等人的陪同下，陈毅与夫人张茜参观了中山大学，并专程赶到陈宅拜访陈寅恪先生，很详细地询问其生活与工作的情况，陈寅恪一一作答。双方谈叙欢洽，并聊及《世说新语》，几天后陈寅恪还感慨地对来访者李稚甫说：“没有想到共产党里有这样懂学问的人。”李稚甫答道：“陈毅还是个诗人呢！”陈寅恪一听，说：“你帮忙找一些来看看。”由于当时陈毅公开发表的诗作不多，李稚甫最后也没找到几首。七年后，陈寅恪对来访的朋友杨东莼，还回忆起陈毅到校园看望他，可见陈寅恪对这次会面的印象深刻。五年后，陈毅在中央宣传部的一次会议上曾这样坦诚地说道：“现在专家太少，我是主张将来还是搞点博士、院士好，这不是资产阶级思想，拿这来为无产阶级服务，是两回事。在外国时，人家对我这个部长、副总理不起敬，说我是元帅、诗人，肃然起敬。”其实，在陈寅恪这样的知识分子心目中，又何尝不是如此呢？！

1957年2月6日上午，朱德元帅视察中山大学，早在20世纪20年代德国留学时，他就知道陈寅恪是中国的“读书种子”，可惜这次在中山大学视察安排得太紧凑，实在抽不出时间，无法去看望68岁的陈寅恪，只好关切地向接待他的校办秘书饶鸿竞询问陈寅恪先生近况。

6月25日，中共广东省委将龙潜的有关情况汇报给中央。7月中旬，已身为高教部司长的龙潜回到离开一年多的中山大学，接受强烈要求他回来参加整风运动的群众的审查。7月28日，中山大学党委会对龙潜检讨的审查报告里举出具体的事例，认为龙潜在检讨中“对讽刺陈寅恪教授等影响很坏的事例，则只字不提，这显然是避重就轻”。8月，广东省委对龙潜的问题作了审查报告并上报中央，报告中有“在中大工作期间所犯错误在群众中造成了不良的政治影响，使党的威信遭受很大损失”及“龙潜在中大造成恐怖气氛”等语。10月18日，高教部党委会作出了关于龙潜所犯错误的处分决定，中有“龙潜违反知识分子政策，态度粗暴，严重影响了党和知识分子的关系”以及党性不强、将自己视为高出党委之上、独断专行等语句，给予龙潜严重警告处分。

郭沫若和吴宓的来访

1960年7月29日，由中央文史研究馆馆长章士钊提议，陈寅恪与沈尹默、商衍鎏、徐森玉四人被任命为中央文史研究馆副馆长。

1961年3月初，郭沫若探访完好友冯乃超后，访问72岁的陈寅恪，在询问陈寅恪“今年高寿几何”的寒暄中，据说两人一人凑了个半联，这就是后来经冯乃超之口传出的“壬水庚金龙虎斗，郭聋陈瞽马牛风”。在这一天，陈、郭还谈到了《论再生缘》，谈到了“钱柳因缘”，郭沫若告诉陈寅恪，中国科学院图书馆有“钱柳”的有关史料，他可以回京后将这些材料影印寄到中山大学。最后他问陈寅恪有何需求与要求，陈寅恪提了两点：一、建议郭沫若组织力量整理出版宋人所编的古籍《文苑英华》；二、他写“钱柳因缘”没有稿纸，希望能得到解决。郭沫若慨然应允，从陈宅出来后，便吩咐冯乃超着手为陈寅恪解决稿纸问题。回到北京后的郭沫若没有食言，从中国科学院图书馆寄来了有关“钱柳”材料的影印件，陈寅恪听读材料后认为对修改原稿有帮助，并很快寄来一些稿纸，但陈寅恪所需要的是一种特别格式的纸，当时是经济困难时期，连买卫生纸也要凭票供应，冯乃超于是通知中山大学印刷厂专门为陈寅恪印制了一批特别格式的稿纸。据黄萱女士回忆，事后陈寅恪曾和她谈到与郭沫若见面时的一些情景，并对郭沫若的著述作了这样的评价：“他最好的著作是《青铜时代》。”

8月23日清晨，老友吴宓自重庆朝天门码头登上长江航务局的荆门轮船，于8月25日下午5点抵达汉口江汉船埠，先到武汉大学看望挚友刘永济，随后乘火车来广州，实现了两位挚友暮年的最后一次见面，这也是吴宓自1949年4月从武汉匆匆飞抵重庆后12年来第一次出川。7月30日吴宓函告陈寅恪准备赴粤探访，8月4日陈寅恪即复信告之注意事项，这封马上回复作答的信函可见陈寅恪急切心情之一斑。这封信是目前所知1949年后陈寅恪往来信件中字数最多的一封，陈寅恪晚年双目失明，往来函件俱由夫人唐筼女士代笔，在信中详尽地说明吴宓抵粤后应当选择怎样的路线到中山大学，甚至连车资几何、饮食住宿等琐事也一一交代清楚。四天后，陈寅恪更向武汉大学刘永济发信一封，请其提醒吴宓出发南下广州时勿忘拍电报告知车次等情况，并再次提到已安排好吴宓先生的饮食住宿。这两封信都没有太多的问候，但点滴深情尽在细腻安排的叙述之中。吴学昭《吴宓与陈寅恪》书中也说：“许多年后，听美延妹谈起，当时市场供应紧张，唐筼伯母为招待吴伯伯，曾要她们姐妹帮着四处找鸡蛋。”8月30日深夜11点半，吴宓乘火车抵达广州东站，陈寅恪派出了身边所能派出的亲属前往车站迎接，其中有二女儿小彭及女婿林启汉、三女儿美延。已过夜半12时的陈寅恪“犹坐待宓来相见，双目全不能见物，在室内摸索，以杖缓步；出外由小彭搀扶而行。面容如昔，发白甚少，惟前顶秃，眉目呈八字形，目盲，故目细而更觉两端向外下垂（八）”。陈寅恪撮要谈述12年来近况，相关珍贵记录保留在吴宓日记中：

寅恪兄之思想及主张，毫未改变，即仍遵守昔年“中学为体，西学为用”之说（中国文化本位论）。……今中国之经济益困，而国际之风云愈急，瞻望世界前途，两大阵营之孰胜孰负正难预卜，未来趋势如何，今正难言，共产主义未必能一帆风顺，掌握全球。但在我辈个人如寅恪者，则仍确信中国孔子儒道之正大，有裨于全世界，而佛教亦纯正。我辈本此信仰，故虽危行言殆，但屹立不动，决不从时俗为转移。彼民主党派及趋时之先进人士，其逢迎贪鄙之情态，殊可鄙也，云云。

又说陈寅恪认为熊十力《乾坤衍》“未免比附阿时，无异康有为之说孔子托古改制以赞戊戌维新耳”，“寅恪之研究‘红妆’之身世与著作，盖借以察出当时政治（夷夏）、道德（气节）之真实情况，盖有深意存焉，绝非消闲、风流之行事”。陈寅恪上述的这些观察，即便在今日看来，依然没有过时，值得注意并深入研究总结。文史哲学者的恒久力量，大约就在于此吧。

9月间，中共中央中南局第一书记陶铸邀请广东一批高级知识分子参加广东省委召开的座谈会，应邀赴会的有在广东的中国科学院学部委员，高级知识分子中的全国人大代表、全国政协委员以及广东省各民主党派的知名人士，陈寅恪也在受邀之列，但他没有参加这次盛会。座谈会上，陶铸作了一次感情充沛的演讲，内容有：

> 十二年的时间不算短，知识分子可以说已同我们结成患难之交。几年来的物质条件比较困难，没有猪肉吃，大家还是积极工作，没有躺倒不干。酒肉之交不算好朋友，患难之交才算，“疾风知劲草”，“岁寒，然后知松柏之后凋也”。现在的问题是团结高级知识分子不够，对他们的信任不够。……现在我们是要把团结提高到新的水平，一是尊重，二是关心。所谓高级知识分子，就是比一般人多读了一点书。中国有句古话，“士为知己者死，女为悦己者容”，是有些道理的。……今后对于思想认识问题，只能采取关心、倾谈、切磋、诚恳帮助的办法，要把思想问题与政治问题严格区分开来，今后不能采用大搞群众运动的办法来解决思想问题。……对于过去批判搞错的，应该平反、道歉、老老实实认错。“等价交换”，在什么场合戴的帽子，就在什么场合脱帽子，不留尾巴。凡是三年来斗争批判错了的，我代表中南局和广东省委向你们道歉、认错。……同时，我还建议：今后一般不要用资产阶级知识分子这个名词，因为这个帽子很伤害人。其次，凡属思想认识问题，一律不准再搞思想批判斗争会。第三，不准用“白专道路”帽子。……“红透专深”这个提法陈毅同志不大同意，我也有同感。什么叫红透？红透就是优秀的马克思主义者。共产党员是不是就红透了？我就是没有红透的，我还不敢有这个要求，为什么要这样要求专家呢？

陶铸的话铿锵有力，荡气回肠，不少人当场流下了眼泪。是啊，这些话在今天读来、听来、看来，依然不失为接地气、真性情的推心置腹、坦诚相见！这是一次被广东知识分子称为“久旱逢甘霖”的座谈会。10月10日，陶铸在广州从化温泉亲自策划主持召开了“中南区高级知识分子座谈会”，随后对广东省委文教领导小组作出指示：

1.确定一个两千人的名单，包括高校副教授及相当于副教授的科研人员、工程技术人员、医疗卫生人员、作家、画家、音乐家、书法家、雕刻家、演员、国家级裁判、专业运动员及名匠巧手等，从1961年11月份起，每人每月补助食油1斤、猪肉1斤，每户补助粮食10斤（后来省委指示再增加食油1斤）。

2.在上述名单基础上，再选出二百人的名单，对这些人实行保健制度，其诊病、用药、住院与厅局级干部同等待遇。对于如陈寅恪、姜立夫等一流著名学者，他们生活上的特殊需要和困难，全部由省委负责解决。

3.在第2项名单内的高级知识分子，休假期间居住风景区招待所，按四分之一收费。

4.由明年开始，每年分给一定数量的外汇归文教领导小组掌握，以解决学术界必须进口的治病用药和研究资料等问题。

5.明年（1962年）1月恢复出版一个学术刊物，作为学术界开展争鸣的园地，广东人民出版社出版一些学者的学术著作，以便更好地体现“百花齐放，百家争鸣”的方针。

这些举措与认识，足以感动人心、感化民风。10月11日，广东省委文教领导小组特别批准给陈寅恪特殊供应；10月14日，中山大学老校工梁彬替陈寅恪买回了副食品；10月16日，梁彬与学校总务处的一名秘书邵志明将30斤面粉（当时市面上极难见到的富强牌优质面粉）、10斤面条、4斤花生油、4斤水果和2斤白糖送到了陈宅，老校工对陈寅恪说，从昨天开始，政府每日专门从华南农学院为先生供应鲜奶3支，并询问“三支够不够”，陈寅恪高兴地回答“够了”，并说他的身体“较适合吃牛奶、面包，面包因为发酵过，所以很松软”。11月份开始，广州粮食局特别为陈寅恪提供面粉、面条及食油的配额，广州第一商业局为先生提供穿用的物品配额，广州第二商业局为先生提供副食品的配额，可以说，在高级知识分子中，陈寅恪享受到无人能比拟的特殊照顾（陈序经、姜立夫、冯乃超等人及一批二级教授也享受这种特殊供应，但只有陈寅恪一人能享受每日3支鲜奶）。这段历史是真实的，我们也不应该抹杀忽略。

膑足之后的托命

1962年2月14日，中国科学院副院长竺可桢前往中山大学探望73岁的陈寅恪，两人相谈甚欢。初春，陶铸陪同胡乔木到中山大学看望陈寅恪，“文革”时期“第六次交待底稿”中“我与陶铸的接触”写道：

> 陶铸以中南局首长身份先后来看过我三次或四次，实在记不清楚了。姑且就谈话最长的第二次说，大约是一九六二年早春，正是上海昆剧团在广州演出完毕的时候。陶铸陪同胡乔木来的，胡是来广州休养的。经过介绍之后，先由胡乔木谈话。他说在清华时可惜没有机会听我所教历史系三四年级的课。后来他就离开清华去了。又谈起我的

旧论文稿集起来重印事，我早已交给书局，迟迟还没有出版，因此我说“盖棺有期，出版无日”。他笑着说：“出版有期，盖棺尚远。”

“盖棺有期，出版无日”，“出版有期，盖棺尚远”，俩人的对话颇有机锋，然而当我们再回头来看这段历史时，一切竟不幸言中了！

这年夏天7月上旬某日，陈寅恪洗漱时突然滑倒在家中的浴盆里，不幸摔伤，右腿股骨颈跌断。5日住进中山医学院第二附属医院。广东省委十分重视，入住高级病房的第三天，陶铸就带着一大篮刚上市的新鲜荔枝前来探望，当时陈寅恪已经入眠，陶铸只好放下礼物悄然而退。中山医学院给陈寅恪提供了最好的医疗服务，一群教授名医会集在病床前，陈寅恪身体的每一个部位都受到各科医生的会诊，陶铸甚至要求各科医生都要将自己的诊断及治疗方案写成报告，从中研究最好的医治方法。最后，因为年老陈寅恪先生未动手术，采用了保守的物理功能治疗，即通过药物的服食与外敷，使伤口自己愈合。当时弟子蒋天枢曾建议请上海中医骨科专家跌打圣手治疗，陈寅恪不肯，致使终究未能复原。另外可注意的是，在住院的七个月时间里，陈寅恪曾数次郑重地向护理他的容苑梅等护士表示：“如我生命终结之时你们还在我身边护理，你们一定要制止医生们抢救我，不要延长我的生命，不要延长我的痛苦。”这句话，可以看成身心俱累的陈寅恪彼时彼刻的生死观了。

1963年1月22日，躺在中山二院病床上近200天的陈寅恪出院了，被抬回中山大学的家中，从此，陈寅恪只能长卧于床上，站立时需在护理人士搀扶下单腿站立数分钟。出院后的一个多月时间内，中山大学按照广东省委的指示暂时为74岁的陈寅恪配备了两名护士并送上300元补助费。3月18

日，中山大学向广东省委递交一份报告，报告详尽地开列了每个月护理和照顾陈寅恪生活所需开支的费用和物品，请求省委拨出专款：

1.考虑到附单所列药物和副食品不少是进口，请省委每月拨些专款作为购买食品和支付护士工资费用。

2.每月所需副食品亦请省委批转有关部门按月供应。

陈教授每月所需副食品和费用（附单）　鸡：4只，估价32元，约一星期送一只。鸡蛋：5斤，10元，每天2只。水果：15斤，12元，每10天送一次。鱼：10斤，20元。蘑菇：15斤，15元。黄油：1斤，20元。护士：3人，153元。合计：262元。

另：进口老人牌麦片1罐，进口可可粉1罐，进口陈教授需用药物。

从上面可以看出，这照顾确实不是一般的照顾，不敢说无可挑剔，但绝对算得上深情厚谊。很快，广东省委拨出专款批准了中山大学的申请报告，从此，三个护士一天24小时轮换着在陈宅值班，护理和照顾陈寅恪的生活，这就是流传极广的“三个半护士照顾陈寅恪”的由来，所谓“半个”，是指陈家发现三个护士还碰到一个每周要有休息日的问题，遂自出资另聘一个“半工”护士朱佩贞，每个星期顶三次班，让三个护士可以轮换着有一个休息日。一个大学教授能享有这般照顾，在20世纪60年代的中国大陆，恐怕数不出第二例来。这种“破天荒”照顾的功劳，应该要归于陶铸。几年前到中山大学视察时，他得知陈寅恪爱听京戏，闲时以收音机为伴，曾明确指示中山大学要为陈寅恪弄一部好的收音机。学校便让工会解决，工会于是借了一台收音机给陈寅恪，谁知该收音机时好时坏，陶铸知道后很生气，说：“学校不送我送！”4月初，陶铸参观中国出口商品交易会，在展览厅看中了一台牡丹牌落地式收音、电唱两用机，于是指示有关人员买下该机送给陈寅恪。4月14日，广东省委办公厅通过中山大学转交一函给陈寅恪：“陈寅恪同志：遵照陶铸同志和省委指示，送上牡丹牌收音、电唱两用机壹部及唱片三十二张，供您使用，请收纳。”当天，这台两用机便被送到先生家中。至此，为方便陈寅恪散步而专门铺设一条白色水泥路，为陈寅恪能欣赏戏曲送上较好的两用机，为护理陈寅恪派出“三个半护士”，这三件很典型的事，构成了陶铸多年来对陈寅恪的“优礼”。陆键东《陈寅恪的最后20年》是这样描述的：

> 陈寅恪老了。
>
> 从心理年龄到生理年龄都明显衰老了。
>
> 历经磨难，这位倔强的、在长年忧患叹息中从未向命运低头、具有强烈生命意志的人，在1963年这一年，似乎已到了崩溃的边缘。

在1963年，陈寅恪估计自己最多只有三年的寿命，而自己的书籍出版无期，在向家人嘱咐了后事之后，仍无法摆脱心中的悲伤，时常与唐筼谈起一生中不幸的遭遇与坎坷的命运，说明“不屈的陈寅恪，的确老了，终于老了，不仅仅老在年龄上，还老在心灵上、精神上”。这年的3月中旬，民进中央副主席杨东莼南下广州，曾专程到中山大学探访了陈寅恪。陈寅恪对杨东莼谈及自身命运时，用了三句话来概括：“左丘失明，孙子膑足，日暮西山。”其悲凉感深刻地震撼了杨东莼，杨东莼随后向广东省委统战部反映了陈寅恪的情况。陈寅恪还和杨东莼表达了很想写唐代玄奘去印度取经的历史，并说很想与向达先生共同研究这段历史，甚至说到没有机会与向达先生合作研究是一个遗憾。杨东莼感到了这话的分量，在拜会陈序经时，提议可否请向达到广州讲学，以了陈寅恪的心愿。

1963年秋，《钱柳因缘诗释证稿》初稿基本完成，按照陈寅恪的心愿，他一直存有整理《大唐西域记》的计划，但这个计划已不可能实施了，陈寅恪感伤地说："现在我也有玄奘翻译《大宝积经》时之感，觉得精疲力竭，精力已尽了。"1964年3月15日下午，科学院历史所研究院数十年的老朋友向达自费来广州，陈序经率领中大历史系的梁方仲、胡守为等前往车站迎接。16日上午10时，在梁方仲陪同下拜谒75岁的陈寅恪，商讨校刊《大唐西域记》事。4月29日，陈寅恪为助手黄萱女士作业务考核鉴定，对其12年间"勤力无间始终不懈"深致嘉许。该鉴定语意感人，评价甚高，极真实地反映了陈寅恪与黄萱十数年情深义厚的合作关系。全文如下：

关于黄萱先生的工作鉴定意见

一、工作态度极好，帮助我工作将近十二年之久，勤力无间始终不懈，最为难得。

二、学术程度甚高，因我所要查要听之资料全是中国古文古书，极少有句读，即偶有之亦多错误。黄萱先生随意念读，毫不费力。又如中国词曲长短句亦能随意诵读，协合韵律，凡此数点聊举为例证，其他可以推见。斯皆不易求之于一般助教中也。

三、黄先生又能代我独立自找材料，并能贡献意见修改我的著作缺点及文字不妥之处，此点尤为难得。

总而言之，我之尚能补正旧稿，撰著新文，均由黄先生之助力。

若非她帮助我便为完全废人，一事无成矣。

上列三条字字真实，决非虚语。

希望现在组织并同时或后来读我著作者，深加注意是幸。

这番发自肺腑的述说，陆键东在《陈寅恪的最后20年》中称：“是陈寅恪对其与黄萱十数年辛劳合作的最后总结，也是陈寅恪对这位甘于平凡的女性一份赤诚的回报。君子之交淡如水，这也是陈寅恪最好的回报。”想必当年的黄萱定可体悟这其中的深情厚谊吧。

5月29日，弟子蒋天枢乘火车自上海抵达广州，预祝陈寅恪七十五诞辰，得聆教诲。6月10日离开返回，临行告别之际，陈寅恪先生赠言蒋天枢“守先哲之遗范，托末契于后生”，后来的历史证明这可谓陈寅恪晚年最正确的一次选择、嘱托，从而使得他的情怀、风骨最终没有“寄之梦寐，存乎遐想”。陆键东《陈寅恪的最后20年》就此阐发道：

事实上五六月间蒋天枢在恩师病榻旁“面聆教诲”，是陈寅恪向蒋天枢作了一生事业的“生命之托”。陈寅恪将晚年编定的著作整理出版全权授予蒋天枢。这是一段令人很感伤的高谊。1949年后，十五年间，陈寅恪只与蒋天枢见过两次面，但却毫不犹豫地向这位长于古典文学研究的弟子托付了他一生最为看重的事业——编辑出版他留给这个世界的著述。在这十五年间，陈寅恪目睹或亲身经历了众多昔日师友亲朋一夜之间反目为仇、出卖良知等等情事，他敢于将名山事业托付晚年只有两面之缘的蒋天枢，可知他对蒋氏信赖之深，相知之深。

蒋天枢先生果然不负恩师所托，15年后基本按照陈寅恪先生生前所编定的著作专集原貌，辛勤校订编辑，并顶住一些压力整理出版了一套《陈寅恪文集》。

盖棺论定的身后人与事

1969年10月7日晨5时半，陈寅恪溘然长逝，享年八十岁。一个多月后，11月21日晚8时半，夫人唐筼女士也撒手而去，享年七十二岁。

陈寅恪逝世的消息传到海外，西方汉学界的学者都感到悲痛，法国著名汉学权威、法兰西学院院士、在国际学术文化界卓有影响的《通报》主编戴密微，挥泪写出感人至深的《悼念陈寅恪（1890—1969）》，向西方介绍了陈氏的生平，高度评价其学术成就："陈氏是当世公认为王国维（1877—1927）以后最伟大的中国学者。"

1973年，黄萱女士在广州中山大学退休，1980年迁回故土鼓浪屿，落叶归根，从此以书为伴，与琴互诉，不事声张，淡泊自甘。1978年，吴宓先生去世。吴宓之女吴学昭在《吴宓与陈寅恪》一书最后一段话说道："我宁肯相信苏格拉底的灵魂不灭论，愿父亲与寅恪伯父的在天之灵，能同因信念而选择死亡的王静安先生（王国维）相聚，毫无干扰地继续他们对中西文化的不尽的探索和讨论。"这年以后，陈寅恪的遗著汇为《陈寅恪文集》，由上海古籍出版社陆续出版，清华国学研究院及门弟子、复旦大学教授蒋天枢受陈寅恪嘱托负责此事，多年来呕心沥血，谨慎整理，居功至伟。（新任广东省委书记习仲勋曾电令中山大学历史系归还所有稿件于陈氏家属）

1978年5月，刚创刊的广东省理论刊物《学术研究》在第1期刊出陈寅恪《柳如是别传》“缘起”部分，文前有编者按语：“他曾多次表示对毛主席和共产党的感激”云云。1979年第8期的《中国史研究动态》上，发表了王永兴所写的《陈寅恪》。1981年，上海古籍出版社刊行了蒋天枢的《陈寅恪先生编年事辑》。1982年第3期的《晋阳学刊》登出胡守为《陈寅恪传略》。1983年，香港《明报》月刊两期上发表余英时撰写的《陈寅恪的学术精神和晚年心境》，1984年6月以《陈寅恪晚年诗文释证》为书名，由台湾时报文化出版事业有限公司出版。在大陆，则有时任中共中央政治局委员的胡乔木指示、广东省委文教战线负责人布置、署名“冯衣北”的14万字《陈寅恪晚年诗文及其他——与余英时先生商榷》，1986年由花城出版社出版。1987年，万绳楠整理的20万字《陈寅恪魏晋南北朝史讲演录》，由黄山书社发行。1988年5月，中山大学建立“陈寅恪纪念室”。5月26日至28日，经过季羡林、胡守为等人多方筹备，中山大学在广州主办“纪念陈寅恪教授国际学术讨论会”，来自我国内地和香港及美国、日本等国家和地区的学者，陈寅恪生前受业弟子季羡林、周一良、邓广铭、王永兴等，以及陈氏亲属70余人参加，这是陈寅恪去世后在大陆举行的第一次纪念这位文化大师的大型国际学术研讨会。会后，该会秘书组编《纪念陈寅恪教授国际学术讨论会文集》，1989年6月由中山大学出版社出版。美国弗吉尼亚州立大学教授汪荣祖在闭幕式上发言：“纪念会在广州召开，自有特殊意义。广州，特别是中大校园，是陈先生晚年连续居住长达二十年之久之地，也是他受到无理批判之地，最后遭迫害致死之地。现在，距陈先生逝世又将二十年，在此召开纪念会，在某种意义上，可说是一追悼会或平反大会，是对陈先生的人品与学问，表示肯定与尊重。”而6月9

日，托命弟子蒋天枢病逝于上海华东医院，终年87岁，也到另一个世界去延续师生之间的来生缘了。

进入20世纪90年代以后，1992年3月，吴学昭15万字的《吴宓与陈寅恪》一书由清华大学出版社出版（2014年生活·读书·新知三联书店增补本）；8月，汪荣祖20万字的《陈寅恪评传》由百花洲文艺出版社出版；1993年4月，陈美延、陈流求整理的13万字《陈寅恪诗集·附唐筼诗存》，由清华大学出版社出版；1994年，王永兴主编的《陈寅恪先生百年诞辰学术论文集》，由江西教育出版社印行。特别要指出的是，1995年12月，陆键东的《陈寅恪的最后20年》出版，根据大量档案文献和第一手的采访资料，从陈寅恪的生存状态和人际交往入手，探索先生的内心世界，并以此分析、诠释了先生晚年作品的内涵，详尽描写了陈寅恪生命最后二十年的坎坷经历，披露了许多鲜为人知的史实，提出了不少极有说服力的见解，为了解、研究陈寅恪的读者打开了一段尘封已久的悲壮往事，更掀起了国内社会上的一股“陈寅恪热”思潮，堪称陈寅恪为世人尽知的第一部畅销论著，该书获得了第二届“广州文艺奖”。21世纪以来，2000年9月，张求会先生27万余字的《陈寅恪的家族史》，由广东教育出版社出版；2001年1月，叶绍荣38万字的《陈寅恪家世》，由花城出版社出版；2001—2002年，陈美延整理的《陈寅恪集》共计13种14册，由生活·读书·新知三联书店出版发行。2012年3月18日上午，陈寅恪铜像揭幕仪式在中山大学陈寅恪故居前的草坪举行，铜像的捐赠者曾昭武、许珊夫妇都不是学历史的年轻校友，但是非常钦佩陈寅恪的学术成就和人格风采，为表达对其“独立之精神，自由之思想”的敬仰，特捐立铜像，以供人们瞻仰大师遗范。

相比之下，陈寅恪夫妇身后安葬之事，却费尽周折，拖了34年之久。陈寅恪生前多次表示，希望自己能陪伴在杭州西湖父母亲坟墓旁，陈家三姐妹为此奔走多年，学术文化界一些名流也非常关心、多次呼吁，然而却无法成行。无可奈何之下，选择的目光投向了江西庐山。2003年4月30日，一代大师陈寅恪终于魂归故里，安葬于江西故乡的庐山植物园。墓前石碑顶部离地面1890厘米，宽为113厘米，代表先生生于1890年，时逢诞辰113年，上面刻着当年先生为王国维撰写也成为自己一生悲壮写照的“独立之精神，自由之思想”，而墓碑所在的小山头，现在也已被命名为“景寅山”，寓意陈寅恪之道德学问、思想精神，永为世人所敬仰、膜拜!

总之，近百年了，陈寅恪、清华国学研究院、四大导师，那个时代，那些人，那些事，已经永恒地定格为中国近现代学术史上的“传奇”。卞僧慧在1988年纪念陈寅恪教授国际学术讨论会上的发言中最后指出：“陈寅恪先生所涉学术领域甚广，使之发扬光大，后起者责无旁贷。当前我国设施尚有未备，人力尚有不足，不仅国人要通力合作，互勉互励，任此艰巨，亦赖国际友人相互提携，为世界学术的进步昌盛，为世界学人的团结友好，而共同努力。斯亦先生之夙愿也。”卞先生所言甚是，所寄望亦甚厚，然而区区以为，对陈寅恪之学术研究可以有所作为，对陈寅恪学术研究之研究，则恐将如刘梦溪评价民国大师学者所云“前无古人后无来者”了！悲观不代表着消极，消极警示着乐观。程千帆在1996年6月致函舒芜中论道：“陈学热实体现对传统文化关注之心态，非徒重其学术创见也。”如程先生所说，“仰望”陈寅恪、陈学热，是反映出中国传统文化回温的时代现象。在我看来，恐怕更重要的是陈寅恪知行合一的“独立之思想，自由之精神”，是其同时代绝大多数学者做不到的，当然，恐怕也是我们这些“仰望”陈寅恪的人做不到的。因其如此，陈寅恪被我们“传奇”了，“放大”了，“代入”了，所以我常说，打一个不恰当的比方，假如陈寅恪的学术成就是90分，由于“最后二十年”的风骨，我们现在给他打出了满分100分，乃至120分、150分！这就是人文学者的价值，一种不好量化却在每个人心中都能感受到的价值。

回顾陈寅恪海外留学回国后，仅最初十多年间生活较为安定，尤其以国学研究院创办数年中，与王国维相处时间虽短，而志趣相投，论学论世，俱为契密，当时师生间，待生如待子，事师如事亲，因此先生在此数年间，意气至为舒发。之后一则抗日战争，二则国内战争，三则政治运动，后半生身心家业不由自主矣，空余泪与恨！其一生对于历史文化，爱护之视若性命，托命弟子蒋天枢认为其见闻之广远逾前辈张之洞，但其论学实质上与张之洞同调，所谓“中体西用”者是也，此宗旨终生不变。蒋天枢在1986年6月修撰的《陈寅恪先生传》一文最后，综括陈寅恪治学之特色约有四端，其中第二点便是“探索自由之真谛”，我想这是任何人都不会否认的。陆键东《陈寅恪的最后20年》“新版前言”说：“将近二十年过去，重读陈寅恪生平出处以及悲喜交织的故事，仍感震动，思绪难平。无声的历史一直在遵循着古朴的法则，百年中国，貌似几番陵谷，人世代谢，然历史的忧愁恰如川上逝水，无尽无涯。实际上我们一直活在自以为已成陈迹的历史中，从来未能割断与往昔的恩怨。”结尾，让我们以卞僧慧、蒋天枢两位先生的抒发殿末，致敬令我们永远“仰望”的陈寅恪先生吧：

世人每称先生为一代宗师，诚当之无愧。正当中国之大变局，世界之大变局，政历四代，游学东西洋十余年，博文卓识，终生献身学术。性极敏感，思富联想，而又恫瘝在抱，常怀千岁之忧。诚旷世之大师，不世出之人杰。直可谓千种矛盾，万种情思，胥可于先生一身见之。先生如精琢多面体之金刚石，一有光源即灿烂夺目。从先生可以见世界万象，从世界万象亦可以见先生。先生人虽没，但其思想、学说之影响却从未停止。（卞僧慧先生语）

履险如夷，胸怀坦荡，不斤斤于境域，不戚戚于困穷，而精探力索，超越凡响，“论学论治，迥异时流”。而忧国忧民之思，悲天悯人之怀，郁勃于胸中，壹发之于述作与歌诗。先生之浩气遒矣！（蒋天枢先生语）

余　论

独立自由真精神的陈氏家风

张求会在《陈寅恪的家族史》中，对陈寅恪的家族现象这样精辟地分析过："重性理，讲节操，立足于经世致用，始终能够紧随时代，不泥古，不阿世，特立独行，彪炳史册。究其根源，当与子若其父、孙若其祖、代有传人的清纯家风密不可分。"所言甚是。在这本小册子的最后，让我们对陈寅恪家世家风略作归纳，获取这百年家族"江山代有才人出"的文化基因密码吧。

一是忠孝节义的家国情怀。

耕读传家、忠孝传家，这是千余年中国人世世代代的家风宗旨，陈寅恪的陈氏家风也不例外。在陈宝箴之前，耕读传家绵延不绝；陈宝箴之后，忠孝传家光芒四射。在家孝父母，在国忠君王，陈宝箴、陈三立都做到了，虽然陈寅恪时期已经不存在朝廷君王了，但是抗战期间，他同样表现出和其父亲一样的民族气节。这种家国情怀使得他们总有一种使命感、责任感，“读书当先正志，志在学为圣贤”，去经世致用地为了理想而呕心沥血，由此充实生命的价值，升华人生的意义，也便有了祖孙三代各领风骚数十年的前赴后继。

二是中体西用的文化情结。

陈寅恪家族的辉煌三代，恰恰是近代中国的百年狼烟，是一个传统农业文明转型为现代工业文明的历史时期，只是这一转折并非中国本身自然而然演化的结果，而是坚船利炮、欧风美雨下的结局。生在这一时代，大多数人是抱残守缺顽固排外，少部分人是激进拥抱全盘西化，当然也不乏立足传统借鉴外来的稳健派，如张之洞所说的“中体西用”，陈寅恪祖孙三代，应该说就是属于这一行列。无论是陈宝箴晚清的湖南新政，还是陈三立民国的教育理念，抑或是陈寅恪学贯中西的大师气象，都表现出这一文化情结。历史的文化的基因是不可以强行中断的，走得慢、走得快都不好，走得稳可能更重要。

三是“独立之思想，自由之精神”的品性情操。

这一点和前面两点比起来，更显得卓绝，难能可贵。湖南新政中的陈宝箴，并没有随波逐流地在官场迎合苟且，而是冒着政治风险，既顺应维新志士呼吁，又不被其绑架胁迫，既与康有为道不同不相为谋地分道扬镳，又不失时机地呵护保全之，纯然以仁者公心进退出处；民国后的陈三立就更不用说了，绝意仕宦，空无依傍，用心中笔下的诗文，承载与时俱痛的理想。当然，表现得最为充分、淋漓尽致的，莫属陈寅恪“最后二十年”了，他用知行合一的悲壮，为那个时代以及我们现在这个时代，书写了一个大大的堂堂正正的“人”字！他让邪恶的强权无可奈何，卑鄙的行径无地自容，跳梁的小丑无颜以对，真善美的道德学问无愧于心，用尽一生血泪告诉我们，盖棺才能论定，历史必须敬畏，是选择耻辱柱遗臭万年，还是千秋碑流芳百世，全在自己!

刘经富《陈寅恪家族稀见史料探微》中总结道：

> 重视私塾授业，家学秉承，让子弟从小受到严格的人品、国学教育。根基已立，再送至新学堂去，再进一步自费或公费留洋。眼界得以开拓，思维由此更新，传统国学与现代学理、方法相结合，于是群贤出世，“大师成群地来”。揆之二十世纪中国学术史，不少前辈大家都有类似的求学经历。立足于本位文化，精研异族文化；汲取域外智慧，开拓本土资源，是近世人才成长、学术转型的一条规律。但我们后来违背了这条规律，民间已失去了自办教育的体制条件，家塾在民间社会彻底歇绝。由于家族制度的解体，家族结构已由过去普遍的“家庭—家族—宗族”三维结构转向一夫一妻制的核心家庭，家学、家风的承传已失去了载体凭依。随着现代教育者制度的建立，以往具有泛文化传统的书香门第子弟逐渐走上了文理分科的专业化道路，传统文化世家的衰落已无法避免。

这段话具有普遍性，涵盖了陈寅恪家族在内的近代中国许多家族，也揭示了传统家族、家庭、家学、家风解体衰落的历史原因。今天，今后，想要恢复古老的家文化，已经绝无可能，然而这却不是说曾经原有的就弃若敝屣，毫无价值。就陈寅恪家族家风来看，上述三点对于今日中国人的家庭教育，便依然有着颠扑不灭的哲理在其中。

末尾，借用陈寅恪的经典话语，奉献给所有的读者：“惟此独立之精神，自由之思想，历千万祀，与天壤而同久，共三光而永光！”让我们一起为了中国好家庭、中国好家风，而努力，而共勉！

参考文献

[1] 张求会.陈寅恪的家族史 [M] .广州：广东教育出版社，2007.

[2] 胡迎建.一代宗师陈三立 [M] .南昌：江西高校出版社，2006.

[3] 叶绍荣.陈寅恪家世 [M] .北京：中国文史出版社，2009.

[4] 蒋天枢.陈寅恪先生编年事辑 [M] .增订本.上海：上海古籍出版社，1997.

[5] 卞僧慧.陈寅恪先生年谱长编 [M] .初稿.北京：中华书局，2010.

[6] 陆键东.陈寅恪的最后20年 [M] .修订本.北京：生活·读书·新知三联书店，2013.

[7] 吴学昭.吴宓与陈寅恪 [M] .增补本.北京：生活·读书·新知三联书店，2014.

[8] 吴定宇.守望：陈寅恪往事 [M] .北京：中国社会科学出版社，2014.